AF250835

I.

IL LE FAUT!

POUR ASSURER

LE BONHEUR POPULAIRE

ET

LA STABILITÉ POLITIQUE,

QUELLE QUE SOIT LA FORME DE GOUVERNEMENT QUE L'AVENIR NOUS RÉSERVE.

PAR LE DOCTEUR DAUVERGNE,

Médecin de l'hôpital de Manosque (Basses-Alpes), Membre de plusieurs
Académies de médecine, Sociétés savantes et littéraires.

> C'est avec les principes chrétiens et
> philanthropiques des associations morales
> professionnelles de Saint-Louis, per-
> fectionnées démocratiquement, qu'il
> faut conduire notre société moderne....
> *(Préface, p. 4.)*

PARIS,

L. CURMER, LIBRAIRE, RUE DE RICHELIEU, 47.

1849.

Prix 1 franc.

Le produit de cet Opuscule est destiné à l'Hospice de la vieillesse de Manosque qui est une sorte d'établissement de retraite que préconise l'Auteur. M. le Curé de Saint-Sauveur de la même Ville a bien voulu s'associer à l'esprit de ce but charitable, en recueillant les fonds qui proviendront de la vente.

IL LE FAUT !

DIGNE, TYPOGRAPHIE DE REPOS.

IL LE FAUT!

POUR ASSURER

LE BONHEUR POPULAIRE

ET

LA STABILITÉ POLITIQUE,

QUELLE QUE SOIT LA FORME DE GOUVERNEMENT QUE L'AVENIR NOUS RÉSERVE.

Par le Docteur DAUVERGNE,

Médecin de l'hôpital de Manosque (Basses-Alpes), Membre de plusieurs Académies de médecine, Sociétés savantes et littéraires.

> C'est avec les principes chrétiens et philanthropiques des associations morales professionnelles de Saint-Louis, perfectionnées démocratiquement, qu'il faut conduire notre société moderne...:
> (*Préface*, p. 4).

PARIS,

L. CURMER, LIBRAIRE, RUE DE RICHELIEU, 47.

—

1849.

PRÉFACE.

Gémissant, à distance de tout intérêt personnel, du grand drame politique qui se joue depuis si long-temps, j'ai pu en saisir l'ensemble sans être ébloui par certains coloris de ce vaste tableau.

De trop près, je le conçois, on ne voit que quelques objets; de loin, l'ensemble apparaît dans toute son étendue.

Certainement cette position est favorable pour jeter une esquisse générale; mais je n'ignore pas qu'elle n'a pas les mêmes avantages pour les détails. A chacun sa tâche : je n'ai pas la prétention d'avoir tout compris, tout résolu, tout achevé.

J'ai vu cette grande agitation qui nous perd, j'ai découvert la cause qui la fomente et j'ai cru en avoir trouvé le remède.

J'ai feuilleté l'histoire, j'ai analysé les propensions humaines, j'ai scruté le cœur de l'homme, et chacun s'est accordé à me dire que j'étais dans le vrai. En ce moment, donc, je ne pouvais plus garder le silence et je l'ai rompu en présentant mes idées dans un cadre aussi restreint que possible. Le temps et d'autres hommes, en l'agrandissant, les complèteront ou les réaliseront.

Je n'ai d'ailleurs pas d'autre intention aujourd'hui, que de présenter un canevas solide, tissu avec des motifs sérieux. Ces motifs reposent sur des fondements incontestables, parce qu'ils sont sanctionnés par l'expérience des siècles. Mais par ces mêmes raisons aussi, ai-je la conviction qu'il n'y a pas d'autres moyens de sauver l'avenir.

La nation ou plutôt l'humanité a dévié de sa voie naturelle, elle se débat par conséquent dans les filets de l'erreur.

Le socialisme, partant de principes en apparence vrais parce qu'ils seraient peut-être désirables, se roule dans ce qu'il y a de plus faux et de plus impossible ; car, pour ce qui touche à l'humanité, il est toujours moins certain de s'appuyer sur de brillants nuages que sur notre globe boueux et terraqué. Nous ne pouvons pas changer la position qui nous est faite : tous les rêves et toutes les utopies sont impuissants pour nous faire tenir un seul instant en l'air. Aussi qu'arrive-t-il ? c'est que les principes erronés du socialisme conduisent à des conséquences déplorables. Avec lui, la société, la famille, la religion, la morale, le travail, la prospérité, même l'individu s'anéantissent : tout est écrasé sous le poids de cette prodigieuse erreur.

Le libéralisme de 91 auquel, au moment du naufrage, se sont rattachés presque tous les partis monarchiques, n'est guère mieux dans la vérité, parce qu'il repousse des tendances vraiment démocratiques de peur qu'elles ne deviennent sociales.

Mais qu'on y réfléchisse! pense-t-on que ce grand mouvement européen qui se fait depuis 91 jusqu'à ce jour ne doive aboutir à rien? pense-t-on que Dieu aurait voulu permettre une si grande agitation pour parvenir tout simplement à un désordre, à un cataclisme ou à un retour pur et simple vers des abus que nous avons cru reconnaître? c'est impossible : pour cela il faudrait nier Dieu et l'avenir de l'humanité !

De nécessité, il faut admettre que tout ce mouvement, malgré toutes les oscillations qu'on lui imprimera, ne peut aboutir qu'à une réforme sociale. Au lieu donc d'en avoir peur, il faut la regarder en face. Au lieu de la combattre, il faut la soutenir pour diriger ses pas chancelants.

Vous voulez modifier les lois, mais vous savez que vous ne produirez rien : il faut modifier ou régler les mœurs, et la révolution sociale sera faite. Jusqu'alors les esprits ne seront pas tranquilles, le monde ne sera pas pacifié.

L'essentiel est de prévoir d'avance quelle pourra être cette modification ou cette régularisation des mœurs ?

Eh bien ! pense-t-on déjà, qu'il faille quelque chose de tout nouveau, d'entièrement et de complétement inconnu encore? non : ce qui peut seul sauver la société ce n'est que le règne de la moralité, de la

IV

vérité et de la justice. Or, l'humanité n'est pas arrivée
jusqu'à ce jour sans les avoir si non découvertes du
moins aperçues. De nécessité donc, ce qui doit nous
sauver a déjà des racines profondes dans l'histoire. La
lumière et la vérité n'apparaissent jamais tout à coup.
Il y a toujours une aurore qui annonce et qui devance
le jour. Cette aurore humanitaire et politique s'est
annoncée sous un roi des Athéniens et a suffi pour
éclairer ce peuple pendant toute la durée de son existence. Cette faible lueur servit aussi au peuple de
Rome à se diriger dans les nombreux dédales de ses
agitations républicaines, tandis qu'elle devint bien
plus brillante en France par les principes chrétiens
qu'y joignit Saint-Louis.

C'est donc avec les principes chrétiens et philanthro-
piques des associations morales professionnelles de
Saint-Louis, perfectionnées démocratiquement, qu'il
faut conduire notre société moderne.

Le paradoxe paraîtra surprenant, cependant je ne
crois rien de plus vrai et je n'ai rien vu encore de plus
juste, parce que cette pensée de Pascal, sera éternellement une vérité : « La multitude qui ne se réduit
pas à l'unité est confusion ; l'unité qui ne dépend pas
de la multitude est tyrannie. »

La confusion, le désordre, l'avidité, l'égoïsme,
étaient, sinon très-analogues, du moins aussi pro-
fonds qu'à notre époque sous le règne du saint roi.
Le remède n'en fut pas moins efficace. Napoléon, ce
grand esprit d'ordre et de hiérarchie, n'aurait pareil-

lement pas vu d'autre moyen, à en croire les essais d'organisation que dans ses grandes préoccupations militaires, il eut cependant encore le temps d'établir.

Aujourd'hui, si le mal est le même, les besoins sont identiques, car l'homme ne change pas. Il faut donc simplement accommoder les anciens principes expérimentés avec les nécessités nouvelles indispensables, et alors vous aurez véritablement mis les institutions et les hommes sur la voie ascensionnelle du progrès.

Il ne me reste plus qu'à ajouter et prévenir qu'on ne doit point chercher dans mon travail des phrases à effet et des mots retentissants. Je n'ai ni voulu ni pu sortir de mon caractère et de mes moyens. J'ai conservé le style de la science, parce que j'ai plus voulu frapper le bons sens que l'esprit, et que j'ai cru faire plutôt de la physiologie que de la politique.

Toutefois, quoiqu'il s'agisse plus de science humanitaire que de politique, en tout autre temps régulier je ne me serais rien permis de semblable ; mais, aujourd'hui, que tout est remis en question, j'ai cru de mon devoir d'apporter aussi ma pierre à l'édifice que nous sommes obligés de reconstruire.

Je reconnais trop bien le besoin que le peuple a de l'autorité, je crois trop à sa sauvegarde tutélaire dans le mécanisme de notre civilisation, pour avoir jamais eu l'intention de l'entraver. Aussi, est-ce dans la conviction que j'ai de venir l'aider ou l'étayer, que ma main a puisé sa force pour tracer les pensées qui vont suivre.

IL LE FAUT!

POUR ASSURER

LE BONHEUR POPULAIRE

ET

LA STABILITÉ POLITIQUE,

QUELLE QUE SOIT LA FORME DE GOUVERNEMENT QUE L'AVENIR NOUS RÉSERVE.

I.

Nihil novum sub sole : rien n'est précisément nouveau sous le soleil, et cependant l'humanité cherche toujours la nouveauté, comme un refuge protecteur. Or, s'il n'y a rien positivement de bien nouveau : que fait-elle? elle passe d'un extrême à l'autre : elle abandonne un principe pour se jeter dans celui qui lui est opposé.

A ces symptômes, on ne peut méconnaître la faiblesse de l'humanité; mais la société qui exagère cette fatale faiblesse est manifestement en souffrance, elle a enrayé une voie fausse. C'est à elle, alors, à se rappeler que la seule voie sûre, est celle du progrès graduel. Or, comme ce n'est que le

passé qui peut nous servir de pilote pour l'avenir, de nécessité, il faut chercher dans l'histoire les évolutions successives
du perfectionnement social et les garanties de la stabilité
politique.

Depuis 89, la France s'agite dans des discussions politiques
infructueuses : elle tourne et retourne toujours dans les
mêmes erreurs sans faire un pas de plus. Constamment, les
ambitions s'élèvent, se choquent, s'entre-détruisent et c'est
sur la société et le peuple que chacune prétend défendre,
que pèsent tous ces déchirements. A quoi cela tient-il ? à deux
circonstances.

La première vient de ce que, n'existant ni règle, ni coordi-
nation pour diriger et mesurer les ambitions, toutes croient
avoir le droit de s'élever, de sorte que, le reptile a toujours
l'espoir de parvenir à la même hauteur que l'aigle.

La seconde dérive de ce que le point d'honneur ayant abandonné les institutions a été pareillement abandonné par les
hommes.

Il faut donc organiser la société de telle manière que la
voix de l'honneur préside à tout. Or, cette voix est à la moralité individuelle et publique ce que la fleur du fruit est à
sa substance ; elle n'est pas la preuve de sa saveur, mais
celle d'une saine intégrité. Pour faire revivre cette voix de
l'honneur, afin qu'elle se fasse entendre depuis les premiers
jusqu'aux derniers échelons de la société, il faut établir des
règles, des épreuves pour tous les emplois, pour toutes les
fonctions, pour tous les métiers, afin de bien convaincre tout le
monde, que c'est le mérite seul qui établit les degrés hiérarchiques sociaux. Que la carrière soit largement ouverte pour
faire parvenir à ces buts élevés, mais qu'elle ne permette
qu'une élévation successive par des assurances toujours nouvelles de vertu et par des garanties toujours plus positives
de mérite.

Nous n'avons plus la liberté du choix : l'expérimentation

en est faite. Depuis soixante ans on a cru trouver l'assurance du progrès aussi bien que les garanties de l'ordre dans celles de la liberté, et ne voilà-t-il pas qu'aujourd'hui cette même liberté a désillusionné ses amants les plus fascinés. Comment ne l'a-t-on pas prévu! comment a-t-il été besoin d'être démontré que pour des hommes en pleine civilisation la liberté ne pouvait être accordée que pour le bien et jamais pour le mal? Une liberté entière n'est faite que pour des anges ou pour des sauvages. Aussi, cette liberté a tellement été polluée par tous les partis politiques que ceux qui l'ont réclamée avec le plus d'ardeur ont été les premiers à la conspuer. Aujourd'hui c'est par son nom, qu'on voudrait conduire le peuple à l'esclavage et la nation à la décadence.

Qu'est-ce que cela prouve: si ce n'est que nous avons touché aux confins de cette même liberté: que nous ne pouvons plus faire un pas en avant sans nous précipiter avec elle dans l'abîme. La chose est si certaine que sous l'égide de cette même liberté, on a tenté de fausser le principe de l'égalité morale.

Or, outre que la liberté exclut forcément l'égalité, puisque si nous étions libres d'être vertueux ou éhontés, nous ne serions bientôt plus égaux ni moralement, ni physiquement, il est certain que le but de Dieu n'a jamais été de rendre les hommes matériellement égaux ; car, dans ce cas, il n'aurait pas voulu permettre qu'il y eût des tailles gigantesques et des nains, des forces herculéennes et des rachitiques, des intelligences supérieures et des idiots.

L'égalité morale, en tant qu'il s'agit des droits et des devoirs de chacun, doit être aussi réelle devant les hommes qu'elle l'est devant Dieu. Elle est tellement dans l'essence de notre nature qu'elle est la seule espérance de l'honnête homme, comme elle est la confiance la plus consolante du juste. Mais l'égalité matérielle est tellement absurde, que, si elle pouvait exister, il n'y aurait bientôt plus de société possible. L'existence de l'humanité et sa vie progressive consistent entièrement dans la diversité des facultés de ses membres, parce que c'est de l'ensemble de cette diversité que surgit l'harmonie sociale, la civilisation.

L'harmonie des diverses facultés humaines constitue donc ce que nous pouvons appeler la société nationale, et partant, c'est de cette harmonie plus ou moins bien réglée, que doit naître le progrès plus ou moins rapide, plus ou moins étendu. Or, si c'est de l'ordre de cette harmonie que dépend le progrès, espère-t-on le trouver dans les tourmentes révolutionnaires, dans les convulsions violentes qui chaque fois dérangent cet ordre ? Vous changez ainsi, sans contredit, les hommes de place; mais, en ne perfectionnant ni les principes acquis, ni les choses expérimentées vous n'avez fait que remuer de haut en bas le rocher de Sysiphe.

Jusqu'ici on a cru trouver le progrès social auquel le bonheur du peuple est attaché, dans la forme politique : c'est une fatale erreur; on confond la chose avec l'apparence. C'est la stabilité politique qui, en protégeant le progrès, en permet ou facilite l'évolution. Le progrès est dans la religion d'une nation, parce que sa moralité est dans sa religion; il est dans son âge de virilité, parce que sa virilité est formée de l'expérience historique; il est dans les relations commerciales et diplomatiques avec d'autres peuples, parce que par ses échanges, la nation agrandit ses connaissances, ses richesses et sa puissance. La Chine n'a pas progressé, parce qu'elle s'est trop renfermée dans ses murailles ; les Musulmans ont déchu, parce qu'ils ont eu trop de foi à leur fatalité religieuse : mais, parmi les sociétés chrétiennes, le progrès a toujours marché en raison directe de leur stabilité politique. Voyez la France, sous Louis XIV, la Restauration, l'Empire. Il est évident, que plus le règne de Louis-Philippe se prolongeait, plus la France progressait. Comparez au contraire l'Espagne ancienne à l'Espagne moderne, comparez l'Angleterre à cette même dernière Espagne. Décidez qu'elle est celle qui progresse : est-ce la nation agitée ou celle qui reste calme et ferme ? Cherchez le progrès de nos années de révolution et mettez-le à côté de nos moments de stabilité politique, puis jugez !

Bien plus: associer le progrès social à la politique, c'est les perdre tous deux ; parce que le progrès social n'est que le produit des intérêts individuels et des ambitons personnelles. N'est-ce pas, lorsque chaque intérêt a pu, par des voies diverses, arriver jusqu'à la politique pour s'en faire un marche-pied, que sont venues la discorde et les révolutions !

Est-ce que quelqu'un s'était jamais avisé de briguer la fortune des Sully, des Richelieu, des Mazarin ? non, parce que c'eût été renouveler la fable du serpent qui mord la lime. Depuis la Convention, de lugubre mémoire, nos assemblées législatives n'ont donné que cet exemple : ôte-toi de là que je m'y mette. Toujours excellentes pour des intérêts généraux purement matériels, ces assemblées se sont égarées, lorsqu'il s'est agi d'organisation sociale et de la forme du pouvoir, parce que chacun de leurs membres avait l'espérance de se rapprocher plus particulièrement de ce pouvoir, suivant sa forme, ou cette organisation sociale. Dès cet instant aussi, elles se sont toujours séparées en deux camps, et les luttes ont commencé, et les commotions ont retenti. Enfin, la victoire s'est décidée! pensez-vous que tout soit fini ? il s'en faut: c'est alors au tour des vainqueurs à se disputer la puissance. Ce n'est donc point le principe qui dirige, mais l'intérêt qui entraîne! Croit-on que si cet état dure, que si par ce fait les misères s'accumulent sur le peuple, le peuple ne préférera pas l'autocratisme qui l'abrite, à ces flux et reflux qui mettent toujours tout en question pour lui, son existence, celle de ses enfants, sa fortune, son travail ?

Robespierre, que je ne veux qualifier ni de fou ni de martyr, n'a-t-il pas dit, à son moment suprême, *que la France ne pouvait être gouvernée que par une* VOLONTÉ UNE? Certes, si l'on doit croire à quelque chose, c'est à la terrible expérience d'un pareil homme ; et d'ailleurs, depuis, les faits eux-mêmes ne nous l'ont-ils pas cruellement démontré?

Il résulte donc forcément, ou qu'il faut un bras de fer qui commande et qui comprime, ou qu'il faut un gouvernement qui devienne l'ARCHE SAINTE que tous admirent et que nul n'ose toucher. Or, comme la première circonstance n'est jamais que temporaire, comme la seconde ne pourrait être qu'un pacte écrit sur le sable, toujours exposé aux courants des passions humaines, il est indispensable d'organiser notre société de manière telle, que, dans ses éléments, dans son mécanisme, il y ait assez de pondération réciproque pour se faire équilibre, de sorte que la discussion des intérêts ne puisse plus élever des partis, et ceux-ci atteindre le pouvoir. Cette pondération a été jusqu'ici, dans nos gouvernements constitutionnels, entre le pouvoir et le peuple, elle doit être désormais entre les intérêts du peuple lui-même. On a cru jusqu'aujourd'hui qu'il suffirait de modifier la société d'en haut. L'expérience a prouvé, par tous les essais, que c'était insuffisant : c'est de bas en haut qu'il faut l'organiser. Déjà Tacite avait dit: c'est le peuple qu'il faut modifier, pour que les gouvernements se modifient.

II.

On a cru empêcher les agitations politiques par l'hérédité du pouvoir, par le principe de légitimité. L'histoire atteste qu'en effet on éloigne ainsi de tels orages, mais qu'on ne les empêche point. Ce moyen, quoique bon, ne suffit donc pas : il faut plus ! Il faut des institutions qui englobent toute la société, qui embrassent chaque homme avec des liens tels, qu'il puisse, sans entrave, avec facilité même, faire valoir ses droits, sans empiéter sur ceux des autres et sans qu'il lui soit possible d'attaquer jamais l'existence du gouvernement, qui est le domaine de tous et non de quelques-uns, qui peut être modifié par la raison et non par la violence. L'homme doit aussi être placé dans un tel état social que, s'il peut faire valoir ses droits, il soit pareillement contraint de remplir ses devoirs. Il faut donc qu'on l'entoure constamment d'une sollicitude qui, en même temps qu'elle le protégerait, pût le surveiller. Il faudrait enfin qu'il entrât dans une famille politique dont il ne pourrait jamais s'éloigner sans qu'il trouvât hors d'elle l'isolement et l'impuissance. En un mot, ce n'est plus par les bayonnettes qu'on peut contenir le peuple : l'expérience prouve si c'est un moyen toujours efficace. Il faut qu'il se contienne lui-même en rencontrant, dans sa propre organisation sociale, des liens qui le retiennent comme des amis qui le servent.

Ce qui prouve que la force matérielle ne suffit pas, que la puissance et le triomphe des armes ne sont que temporaires, c'est que Philippe de Macédoine et son fils Alexandre, en léguant leurs forces, ne purent perpétuer leurs pouvoirs ; c'est que ce fut lorsque l'empire romain fut plus fort et plus puissant, que les Césars furent plus près de leur chute. L'immense force de Charlemagne et de Napoléon ne fut pas transmissible, tandis que le Christianisme, avec des principes civilisateurs qui établissaient l'esprit de famille, qui guidaient la moralité des peuples, put étendre une main puissante qui contint les nations européennes depuis le moyen-âge jusqu'à la philosophie du règne de Louis XIV. Une armée n'est donc utile qu'à un conquérant ou transitoirement à un peuple en travail d'enfanter son contrat social.

Toute la puissance d'un État est dans les mœurs de la nation. Modifiez les mœurs et faites des lois d'accord avec elles, et la stabilité s'assoira difinitivement. Mais si vous voulez faire des lois pour réprimer les mœurs., autant en emportera le vent. *Quid sine moribus leges proficiunt?* (Cicéron).

Serait-ce donc encore une expérimentation qu'il s'agit de tenter? Mon Dieu, non : une nation ne peut se lancer ainsi toute entière dans une nouveauté, serait-elle peut-être la vérité même. C'est tout simplement un perfectionnement d'un état de choses bien connu, qui commença à Athènes sous Thésée et n'eut jamais d'interruption chez ce peuple. Les *Corporati, Collegiati, Gynœceiarii, Dendrophori,* etc. s'organisèrent à Rome sous Numa Pompilius et subsistèrent jusqu'à l'empereur Trajan. En France, les corporations et les jurandes établies par St.-Louis ne succombèrent qu'à la fausse philosophie du ministre Turgot, qui entraîna Louis XVI, malgré les belles paroles de l'avocat général Séguier.

« Sire, dit à Louis XVI sur son lit de justice, Antoine Louis
» Séguier : dans un État policé, de liberté réelle, il ne peut
» y en avoir que celle qui existe sous l'autorité de la loi.
» *Les entraves salutaires qu'elle impose ne sont point un obsta-*
» *cle à l'usage qu'on en peut faire, c'est une prévoyance contre*
» *tous les abus que l'indépendance traîne à sa suite....*
» Avant le règne de Louis IX, les prévôts de Paris réunissaient aux fonctions de la magistrature les recettes des deniers publics. Les malheurs du temps avaient forcé à mettre en ferme le produit de la justice et la recette des droits royaux. Sous l'avide administration des *prévôts-fermiers,* tout était pour ainsi dire au pillage et la confusion régnait dans toutes les classes de citoyens. Louis IX se proposa de faire cesser le désordre, et sa prudence ne lui suggéra d'autre moyen que de former, de toutes les professions, autant de communautés distinctes et séparées qui pussent être dirigées au gré de l'administration. Ce remède, qui fut l'origine des corporations, réussit au delà de toute espérance. Le brigandage cessa, l'ordre fut rétabli. Le même principe a dirigé les vues du gouvernement sur toutes les autres parties des

corps de l'État, et c'est d'après ce premier plan qu'il maintient le bon ordre. Tous vos sujets, Sire, sont divisés en autant de corps différents qu'il y a de professions différentes dans ce royaume. . . . .

» Les compagnies du commerce, des finances, de métiers présentent dans toutes les parties, de l'État des corps distincts, qu'on peut regarder comme les anneaux d'une chaîne, dont le premier est dans la main de votre Majesté, comme chef et souverain administrateur de tout ce qui constitue le corps de la nation. La seule idée de détruire cette chaîne précieuse devrait être effrayante. Les communautés de marchands et d'artisans sont une portion de ce tout inséparable *qui contribue à la police générale du royaume.* La loi, Sire, a érigé des corps de communautés, a créé des jurandes, a établi des règlements par *lesquels l'indépendance est un vice dans la constitution politique, parce que l'homme est toujours tenté d'abuser de sa liberté. Elle a voulu prévenir les fraudes et remédier à tous les abus. Elle avait veillé sur l'intérêt de celui qui vendait comme de celui qui achetait.* . . . .

. . . .

» Les communautés pouvaient être considérées *comme autant de petites républiques occupées à l'intérêt général de tous les membres qui les composaient.* S'il est vrai que l'intérêt général se forme de la réunion des intérêts de chaque individu en particulier, il était également vrai que chaque membre de la communauté, en travaillant à son intérêt personnel, travaillait même nécessairement, sans le vouloir, à l'utilité véritable de toute la communauté. Briser les ressorts qui faisaient mouvoir cette multitude de corps différents, anéantir les jurandes, abolir les règlements, désunir les membres de toutes les communautés, c'est détruire les ressources de toute espèce que le commerce lui-même doit désirer pour sa propre conservation. *Chaque fabricant, chaque artiste, chaque ouvrier se regardera comme un être isolé, dépendant de lui seul et libre de donner dans tous les écarts d'une imagination souvent déréglée. Toute subordination sera détruite. Il n'y aura plus ni poids ni mesures, la soif du gain animera tous les ateliers, et comme l'honnêteté n'est pas toujours la voie la plus sûre pour arriver à la fort.ne, le public entier sera toujours la dupe des moyens secrets préparés avec art pour l'aveugler et le séduire...*

. . . .

» *La facilité de se soutenir dans les grandes villes avec le plus petit commerce et la plus petite industrie fera déserter les campagnes. Les travaux rudes des champs, la culture des terres paraîtront une servitude intolérable en comparaison de l'oisiveté que le luxe entretient dans les cités.* Cette abondance de consommateurs fera enchérir les denrées ; *toute police sera détruite, sans qu'on puisse même espérer de la rétablir que par des moyens les plus violents. Le nombre immense des journaliers que les grandes villes et que surtout la capitale renferment dans leur sein, devront faire craindre pour la tranquillité publique.* Dès que l'esprit de subordination sera perdu, l'œuvre de l'indépendance va germer dans tous les cœurs. Tout ouvrier voudra travailler pour son compte. Les maîtres verront ainsi leurs boutiques et leurs magasins abandonnés ; *le défaut d'ouvrage et la disette qui en sera la suite ameutera cette foule de compagnons échappés des ateliers où ils trouvaient leur subsistance, et la multitude que rien ne pourra contenir, causera les plus grands désordres.* »

Telles sont les paroles malheureusement prophétiques, que prononça l'avocat-général Séguier en 1776 devant Louis XVI. Cependant le ministre Turgot l'emporta; les corporations furent détruites, et c'est depuis, que tous les maîtres comme tous les ouvriers, le pauvre comme le riche, jouissent d'une liberté qui s'est transformée en abandon. Avec ce principe, *attrappe qui peut,* on a encouragé le vice et l'audace et multiplié les dupes et les malheureux. S'il n'y a plus eu de jurandes, il n'y a plus eu de fraternelle protection; c'est lorsque la fraternité a été inscrite sur toutes les bannières, qu'elle a fui les institutions. L'amour fraternel comme la sollicitude paternelle ne consistent pas à laisser faire à un frère et à un fils tout ce qui peut leur convenir. Ils consistent à les soutenir lorsqu'ils sont obligés de franchir un pas difficile de la vie, à les encourager quand ils font bien, à les avertir quand ils vont faire mal, et enfin à les punir lorsqu'ils persistent à mal faire.

III.

Sommes-nous mieux !

Je ne dirai pas, cependant, que la suppression des corporations et des jurandes ait été le seul et le principal motif de nos révolutions. Bien que je puisse faire pressentir qu'une société, organisée ainsi en corporation pour les intérêts individuels comme pour les intérêts généraux, ne pouvait que s'entendre et se maintenir au moment du danger; bien que je puisse induire des faits antérieurs, que les corporations qui étaient venues en aide à la couronne en levant des troupes dans leur sein, au moment où la fortune semblait abandonner Louis XIV, auraient bien pu en faire autant lorsqu'il s'est agi de celle de Louis XVI, je me tairai.. pour laisser un champ libre à ceux qui ont pensé et qui pensent que nos révolutions ont été un bienfait. Je l'ai cru aussi jusqu'à présent, mais en fouillant l'histoire, en examinant les résultats, je me suis pris à en douter.

N'importe de ces faits : il s'agit de savoir si nous, c'est-à-dire le peuple français, sommes plus heureux aujourd'hui. Or, pour résoudre la question ; il n'y a qu'à examiner ce que produisirent la théorie de Turgot et la première révolution.

Chaque profession a été libre, sauf néanmoins la Médecine, le Notariat, la Jurisprudence, la Magistrature, l'Armée, le Sacerdoce, carrières auxquelles il faut encore certaines épreuves ou certaines conditions, que pour la médecine surtout on regarde avec raison comme insuffisantes. Mais toutes les autres professions, toutes les autres carrières sont abandonnées à la fantaisie de chacun. Permis à tous de s'improviser artiste ou ouvrier, ou maître ou chef d'atelier. Qu'en est-il résulté?

D'abord, toutes les prétentions se sont levées. Il n'y a point eu de meûnier qui n'ait tant soit peu ambitionné d'être évêque.

Or, comme les prétentions ne correspondent pas toujours au mérite, il s'en est suivi que l'ambitieux s'est trouvé puni lui-même tout premièrement : une infinité d'évêques sont devenus meûniers. En conséquence, ce malheur a été d'autant plus grand que toutes ces ambitions déchues ont fait retentir leur chute jusques dans la société, qu'elles ont troublée, autant dans ses fins morales qu'humanitaires et politiques.

Qu'on ne vienne pas dire que l'exemple de celui-ci en corrigera d'autres: nullement, l'expérience est personnelle. Il faut avoir senti les amertumes de la déception pour se faire une idée de la force de sa saveur. Sans cela, le prisme trompeur des illusions est toujours là : c'est la marotte de l'humanité.

L'ambitieux s'est puni lui-même, disions-nous, parce qu'après sa triste expérience faite, il s'est trouvé au dépourvu et de ressources et de travail. Sans ressources, parce qu'il avait détruit ou son héritage ou son crédit; sans travail, parce que ayant perdu ou ses habitudes ou celles de ses pères, il n'a gagné à tout cela que des goûts qu'il ne pourra plus satisfaire. Dès cet instant, placé entre ses appétits et la honte, il ne peut plus qu'être un vagabond ou un perturbateur.

Il a pareillement nui à la société; parce que, ne pouvant

faire bonne et loyale concurrence à d'habiles ouvriers, il a dû fausser son travail pour le laisser à meilleur marché. Or, de ce fait, perte pour l'acheteur, dommage pour le bon ouvrier qui poursuit la même carrière.

Il a troublé l'harmonie politique, parce que dénué de tout, ne tenant à rien, ne pouvant plus espérer de trouver son rang dans l'ordre, il a dû prendre le parti du désordre. Il s'est fait chef d'émeute ou instrument de révolte.

D'autres fois, c'est l'inverse : un bon ouvrier qui a plus de talent que de conscience, plus de tête que de cœur, veut amasser avant tout de l'argent, il fabrique légèrement, mais il farde : la vogue le suit, le succès l'encourage, et pendant ce temps, l'ouvrier consciencieux souffre et dépérit. C'est alors, celui-ci qui accuse justement la société et la destinée ; mais, chose déplorable ! ce n'est pas moins lui qui, rejeté de l'ordre, se met à la disposition de la révolte.

J'ai souvent entendu applaudir bien des gens à ce que un marchand, un fabricant laisse sa marchandise à un prix fabuleux par lequel il doit forcément perdre. Hé bien ! cette joie est insensée. La conséquence de ce fait pèse autant sur le pauvre ambitieux que sur la société. En effet, de deux choses l'une, ou le fabriquant se ruine, ou il ruinera son concurrent, s'ils ne se ruinent pas tous deux. Alors, quoiqu'il en soit, le public est de nouveau exploité ou par celui des deux qui a survécu ou par un troisième qui représente parfaitement le juge des plaideurs pour l'huitre. Mais dans tout cela, il n'en est pas moins vrai, que voilà encore un ou plusieurs membres de la famille humanitaire ruinés et désolés, et prêts peut-être à se jeter dans tous les partis extrêmes. On se console en disant c'est sa faute : moi, je réponds, c'est surtout la faute de la société nationale à qui il appartient parce qu'elle aurait dû lui servir de tuteur.

Sans compter maintenant les perversions sociales qui résultent, pour ce qui concerne la moralité nationale, de ces

hommes qui , dévorés de chagrins, vont noyer leurs tristes
pensées dans d'affreuses boissons ; de ces pères désespérés
qui prostituent leurs filles ; de leurs femmes, qui n'ont plus
d'autres ressources ; sans compter le résultat que cet exemple
produit sur des fils, réunissez à un jour donné tous ces hommes se trouvant en pareille position, et jugez si un État peut
espérer de se soutenir toujours au milieu de pareils éléments.
Admettez un pouvoir aussi fort que vous le voudrez, mais
décidez si, au milieu des passions humaines fomentées , des
ambitions nouvelles soulevées, des chances du hasard , *un
coup de main* ne peut pas renverser le colosse le mieux
établi , le bras le plus puissant , le prince le mieux inten-
tionné.

IV.

Dans le vice de constitution sociale relaté précédemment,
est tout le mal ! Pourrait-on , en effet, admettre contradic-
toirement que la population s'étant accrue en nombre inverse
de la richesse publique, c'est à des besoins réels que l'on doit
toutes les souffrances, tous les mécontentements, toutes les
agitations ? Non ! la richesse publique a toujours augmenté en
raison directe et proportionnelle de la population. Ce qui le
prouve : c'est que la valeur de l'argent a toujours diminué.
Cinq francs du temps du roi Jean valaient autant que 84 fr.
sous Louis XVI, tandis qu'il en faut de nos jours 112 pour
égaler ces mêmes valeurs à leurs époques.

D'après la charte du 14e siècle, la journée d'un ouvrier
était de 26 deniers en hiver et de 32 en été ; celle d'un aide
de 16 ou 20 deniers. Aujourd'hui, un ouvrier gagne de 2 fr. 50
à 5 fr. et les aides de 16 sous à 2 fr.

Au 16e siècle, un bœuf coûtait 50 fr., un mouton 4 fr., un

porc 15 fr. Aujourd'hui, on trouve la proportion de 400; 22; 100 fr.; une poule coûtait 5 sous, elle se vend 2 fr.

A la même époque, les gages d'un valet de charrue étaient de 45 livres; des autres serviteurs ruraux de 25. Aujourd'hui le premier en gagne depuis 200 jusqu'à 300, les autres depuis 150 jusqu'à 300. Du temps du roi Jean, une servante de ferme gagnait par an 4 fr. 50 cent. avec *ses chaussements*; une servante de ville 2 fr. 50 cent. ou 3 fr.

L'aisance, pour ce qui concerne le vêtement et la nourriture, s'est améliorée plus encore. Tel qui ne s'habillait que de bure filée par sa mère, se vêtit de nos draps de Castres, de Sédan et de Louviers. Il y a à peine quelques années que dans les maisons bourgeoises de notre département des Basses-Alpes on ne mangeait guère que du pain de seigle ; il n'y a pas un paysan aujourd'hui qui ne se nourrisse de pain de froment. Tel cultivateur qui, il y a vingt ans, ne pouvait pas nourrir un âne, entretient en bon état un excellent cheval, des chèvres et des brebis.

Ce n'est donc point la richesse publique qui a fait défaut à l'accroissement de la population, c'est la bonne distribution de cette population qui s'accumule trop dans les grandes cités : c'est l'harmonie et la moralité qui manquent parmi les membres de la société.

V.

Mais, comment ramener ou produire cette moralité et cette harmonie dans la société nationale? Par les moyens inverses qui ont enfanté l'immoralité et la confusion ; en créant des institutions sociales qui assurent une liberté réelle sans permettre l'abandon et la licence, qui limitent l'individualisme en étendant et assurant l'esprit de famille.

C'est le défaut d'esprit de famille qui a engendré l'égoïsme individuel, éphémère passager et, partant, disjonctif.

C'est la profusion de l'instruction incomplète qui a produit les médiocrités, et celles-ci cette foule d'ambitieux remuants et téméraires.

C'est la suppression des corporations des arts et métiers, qui, en éparpillant chaque individu, en isolant chacun, a fait de tous autant de membres indéterminés, inquiets, sans appui, sans but, sans sûreté, sans conviction, sans devoirs moraux. Disjonction flottante qui met ainsi le pauvre, l'ambitieux, le téméraire, l'insensé à la disposition de l'audace du premier fomentateur.

Cet isolement soucieux de l'individu, cette dislocation morale, ce défaut de rayonnement vers un principe, vers un sentiment, joint à plus de richesse générale, à des goûts que le luxe des villes a développés, ont doublé la soif des jouissances matérielles. Aussi l'ouvrier qui a tâté du cabaret dont, d'ailleurs, la noblesse et la bourgeoisie lui ont enseigné le chemin, ne peut se résigner à aller reprendre son travail, sa soupe de lard et son oignon. Ses organes demandent, et sans s'inquiéter si sa bourse le permet et où ses appétits vont le conduire, il fait appel à tous les subterfuges, à toutes les ruses de l'immoralité.

Que faut-il donc faire? ramener le droit d'aînesse pour rétablir l'esprit de famille?

Étouffer les lumières : rendre l'instruction plus rare et plus difficile?

Non, cent fois non : nous reculerions au lieu de progresser!

Faut-il rétablir les corporations professionnelles et les jurandes? oui, mille fois oui !

C'est, en effet, le seul moyen, comme j'espère le démontrer, d'assurer le bonheur populaire, la stabilité politique et la richesse nationale ; c'est le seul moyen, en un mot, de contenir, de régler et de perfectionner la démocratie.

M. Guizot, que l'histoire jugera beaucoup mieux qu'aucun de nous ne peut le faire et qui restera pour tous ceux qui ont pu l'apprécier un habile et consciencieux maître, un profond et savant politique, a dit avec raison : « Pour contenir et régler » la démocratie, il faut qu'elle soit beaucoup dans l'État et » qu'elle ne soit pas tout ; qu'elle puisse toujours monter » elle-même et jamais faire descendre ce qui n'est pas elle ; » qu'elle trouve partout des issues et rencontre partout des » barrières. » *(De la démocratie en France.)*

VI.

Il faut tellement rétablir, en les perfectionnant, les corporations, les jurandes et leurs principes, que tout les appelle et les réclame comme la planche de salut commun. D'ailleurs, ceci est si parfaitement en harmonie avec les besoins sociaux et avec les instincts de l'homme, qu'on les trouve dans les États anciens et modernes, les plus prospères, les plus progressifs et les plus policés. A Athènes, elles n'eurent pas d'interruption ; à Rome, elles subsistèrent pendant plus de 700 ans ; en France, elles durèrent 450 ans, sans compter, qu'avant Louis IX, les principes des corporations et des jurandes romaines s'étaient introduits tous seuls dans les mœurs de la France. Seulement, Saint-Louis, qui avait fait dresser dans les provinces un état des pauvres laboureurs qui ne pourraient plus travailler pour pourvoir à leur subsistance, qui disait à son fils : « ne songez qu'à vous faire aimer de vos sujets, et sachez que je mettrais de grand cœur quelque étranger à votre place, si je croyais qu'il dût gouverner mieux que vous, » seulement, dis-je, Saint-Louis apporta à ses institutions des sentiments chrétiens et humanitaires qui n'existaient pas dans les corporations des Républiques d'Athènes et de Rome. Dans ces deux peuples, on se servait de cette organisation pour les besoins et le mécanisme politique de l'État, puisque Numa Pompilius les avait fondées et s'en était servi pour désunir les intérêts et empêcher par là les conspirations générales.

De nos jours, d'ailleurs, l'Allemagne ne leur doit-elle pas la prospérité de ses sciences et de ses arts ? n'est-ce pas l'esprit de corps qui étançonne l'échaffaudage politique de l'Angleterre ?

Enfin, il y a si peu de sociétés possibles sans de telles organisations, qu'il n'y a pas de haute intelligence politique sans de telles pensées. L'esprit de Napoléon était si puissant, si spontanément organisateur, que quoiqu'il vint de s'élever sur les débris d'un cataclisme social qui, dans un mouvement d'envie et de délire, avait eu pour effet de détruire ces mêmes corporations, l'empereur les eut rétablies, même au milieu de ses grandes préoccupations militaires. Il ne l'osa pas, dit-on, à cause de la crainte qu'il avait de voir reparaître les saturnales de 93 aux moindres convocations populaires. Mais, toutes les institutions d'ordre, l'esprit de corps, de discipline et de hiérarchie allaient si bien à cette haute intelligence, que nous lui devons ce qui reste encore de corporations règlementées par des statuts : celles des bouchers, des boulangers, le syndicat des courtiers, agents de change, le corps universitaire, etc.

De plus, la preuve que les principes des corporations et des jurandes s'harmonisent à merveille avec nos mœurs, nos besoins sociaux et nos conditions politiques, ne se trouve pas seulement dans la longue durée de ces principes, parmi les nations que nous venons de citer, elle se trouve toute entière dans les manifestations et les tendances de notre époque.

Je ne veux pas parler des théories insensées, hors de nature que ce même besoin a fait exprimer de nos jours par le communisme moderne. Non, les principes, les moyens révolutionnaires que leurs auteurs y ont associés, prouvent que ces derniers avaient dans leurs âmes plus de soif de domination que de désir de soulager les souffrances populaires et nationales. Ils ont abusé de la circonstance et des tendances du siècle, et voilà tout : Dieu donc voudra bien leur faire justice.

L'évolution réelle et progressive, le retour aux principes abandonnés se rencontrent manifestement autre part : dans toutes les œuvres des économistes sérieux, dans les instincts populaires, dans toutes les propensions scientifiques et littéraires.

Ici, je vois se former des associations d'ouvriers sous le titre de Société de bienfaissance, de Secours mutuels. A Marseille, notamment, je trouve les porte-faix qui, depuis quelques années, se sont groupés dans une corporation professionnelle tellement florissante, que son syndicat a contribué pour cinquante mille francs au capital du comptoir d'escompte formé dans cette ville depuis les évènements de Février. Or, la plus forte part de chaque banquier n'a pas dépassé la moitié de cette somme. Dans plusieurs départements, à Paris, les médecins se sont réunis en association morale, professionnelle. D'autre part, les Académies littéraires et scientifiques, mettent au concours diverses questions pour s'assurer des avantages et des inconvénients de l'esprit de corps. M. Martin d'Oisy, dans le journal *l'Univers*, fait un travail remarquable, et montre enfin que l'histoire elle-même fournit à elle seule la preuve des bienfaits de ces corporations.

Nous lisons dans le bel ouvrage de M. Capefigue: « Le peuple
» vivait corporé sous les bannières, avec le droit au travail,
» au secours, avec le respect pour la religion et la famille;
» on détruisit tout cela pour un préjugé. Au lieu de l'esprit
» de communauté, de l'assistance, de la hiérarchie, de la
» fraternité, on créa des masses tumultueuses au service des
» passions. » *(Des gouvernements de l'Europe).*

En effet, nos pères ne voyaient pas que l'ordre ancien formait un système complet, créé par le temps, véritable ensemble de protection et d'harmonie ; dans une fièvre de liberté , au lieu d'émonder l'arbre, ils le déracinèrent. Aujourd'hui, le bandeau qui couvrait leurs yeux a été arraché des nôtres par une triste expérience. Maintenant que la liberté sans mesure a produit la confusion dans l'égoïsme individuel et le désespoir particulier dans le désordre social , nous devons y voir clair.

C'est à nous donc qui sommes montés sur les épaules de nos pères et qui, comme le disait Fontenelle, y voyons de plus loin : c'est à nous de profiter de l'enseignement. Dans l'erreur se trouve toujours la plus grande leçon. Dieu ne l'a tant répandue sur la terre que pour cette dernière fin.

M. Blanqui aîné, dans son ouvrage très-remarquable, *Des Classes ouvrières* , 1848, après avoir fait toucher du doigt que « le mal fatal de l'industrie française est de vivre d'une vie » artificielle et précaire et d'avoir transformé l'émulation en » une guerre d'extermination dont les excès frappent aujour- » d'hui tous les yeux, » paraît, sans s'expliquer complètement, ne pouvoir trouver d'autres remèdes que ceux que nous indiquons.

VII.

Les grands politiques qui ont su distinguer le côté faible des nations, les physiologistes qui connaissent la nature de l'homme s'accordent, sur ce point, qu'il faut agrandir l'esprit de famille.

Mais, comment l'agrandir, maintenant que le droit d'aînesse est détruit ; maintenant , qu'après la mort d'un père, l'héritage est scindé entre les enfants qui se marient chacun de leur côté, et forment autant de familles distinctes, sinon antagonistes ?

Lorsqu'il n'y avait, pour ainsi dire, qu'un fils qui se mariait; lorsque ce fils, après le père, conservait la suprématie d'autorité, la richesse domaniale, les bras d'un frère pouvaient s'ouvrir de nouveau comme ceux d'un père. Mais comment, aujourd'hui, un frère peut-il espérer de retrouver sa place au foyer domestique, lorsqu'il aura d'abord prélevé des droits égaux sur ce même foyer ? La fortune lui a été contraire, c'est un malheur, sans doute, mais qui ne peut peser sur deux, retentir sur des enfants et sur une autre famille.

Comment agrandir l'esprit de famille, aujourd'hui que le suffrage universel, tel qu'il est organisé, en individualisant tout encore davantage, a porté à celle-ci le dernier coup. Les fils, sans respect pour l'expérience des cheveux blancs d'un père, vont voter contre la tradition héréditaire. Jamais on n'a rien vu de pareil ! chez tous les peuples on a toujours laissé aux anciens les soins politiques. Il n'y a pas jusqu'aux peuplades sauvages qui n'aient confié leurs intérêts généraux à un conseil de vieillards : et maintenant la France, la nation aînée de la civilisation repose à demi sur les simples instincts d'une jeunesse ardente, passionnée, souvent ignorante et nécessairement inexpérimentée !...

D'autre part, pourrait-on revenir sur le régime adopté d'égalité fraternelle, quelque calamiteux qu'il fut, aujourd'hui qu'on a tant faussé les interprétations de ce principe? je ne le tenterai pas; mais il faut y remédier. La liberté réelle, la sûreté sociale et la prospérité de la nation sont à ce prix.

« Plus l'esprit de famille et l'esprit politique grandiront au
» dépens de l'égoïsme viager et de l'esprit révolutionnaire,
» plus la société française se sentira raffermie et pacifiée sur
» ses fondements. » *(De la démocratie en France)*.

Telles étaient les paroles que M. Guizot dictait de Brompton, tandis que je disais dans un journal de médecine : « Les vertus

» et les économies individuelles ont produit jusqu'ici des
» familles heureuses et prospères ; aujourd'hui, nous som-
» mes entrés dans une voie de développements qui exige des
» vertus plus générales et des économies publiques.... La
» famille des temps ultérieurs doit être modifiée et particu-
» lièrement agrandie. Ces familles, qui doivent renfermer
» les premières, sans les troubler, ne peuvent qu'être les
» associations morales professionnelles. » (*Bulletin général de
thérapeutique*, janvier 1849).

En effet, les populations croissent, les idées s'étendent, et,
si le soutien des sociétés est l'esprit de famille, il est évident
que cet esprit, fût-il suffisant pour l'ancienne société, ne peut
plus l'être à notre époque qui, tout en s'agrandissant matériellement, s'es téparpillée moralement. De nécessité, s'il faut étendre cet esprit de famille, il faut augmenter la famille elle-
même.

Or, tout d'abord : qu'est-ce qui constitue l'esprit de famille
et l'esprit de corps ?

Les mêmes sentiments :

1° Le point d'honneur ;

2° L'affection réciproque ;

3° La communauté d'intérêts.

En conséquence, si le ressort intime, si le mobile pri-
mordial est le même dans les deux circonstances, rétablir
avec des perfectionnements, les corporations ou les associations morales professionnelles, c'est agrandir, non-seulement
l'esprit de famille, mais c'est encore reprendre le fil social
ascensionnel qui, de Thésée à Athènes, passa à Rome par
Numa et ensuite en France par Louis IX, pour ne se rompre
que par le fait de nos révolutions, sous Louis XVI. C'est donc
continuer une marche progressive pour quitter la voie des
expérimentations dangereuses, des utopies subversives.

J'aurai terminé ma tâche si je prouve que les associations
morales professionnelles s'adaptent parfaitement à tous les

besoins humanitaires , à toutes les exigences sociales et à la stabilité politique, sans laquelle il ne peut y avoir ni bonheur populaire ni richesse nationale.

VIII.

Les associations professionnelles s'adaptent aux besoins humanitaires , parce que l'esprit qu'elles porteraient en elles, serait le remède le plus efficace contre les maux qui désolent l'individu :

1⁰ L'immoralité ;

2⁰ L'ambition effrénée ;

3⁰ L'incertitude du pain de son lendemain.

L'association veillerait sur l'immoralité individuelle , comme les membres d'une famille veillent sur ceux qui lui appartiennent. Trois mobiles en répondent : le point d'honneur de la corporation professionnelle , l'affection qu'entraîne une position identique , le sentiment d'une communauté d'intérêt. Ici , aussi , l'individu qui s'écarterait du droit chemin serait ramené par la raison , par l'affection , surveillé par un sentiment fraternel et, au besoin, puni pour son propre enseignement et pour la dignité de la communauté.

L'association et les juris qu'elle établirait, remédieraient aux maux de l'ambition effrénée , parce que des règles seraient établies pour *ouvrir à tous des issues , mais pour présenter à tous en même temps des barrières.*

« Il faut, disais-je en 1843 devant l'académie de médecine
» de Marseille, ouvrir une carrière qui ne permette qu'au zèle,
» à l'étude, au travail et au savoir d'arriver. Cette carrière que
» tous pourront parcourir, devra servir de *criterium* à chacun

» et convaincre ceux qui n'auront pas obtenu la récompense,
» qu'ils n'avaient pas atteint le but et qu'ils n'auraient pu le
» remplir. Craindrions-nous, par des ménagements puérils,
» par des sophismes de liberté, par une philanthropie aveu-
» gle, d'enchaîner les manœuvres de l'ignorance, d'anéantir
» les menées du charlatanisme et d'arrêter de coupables
» ambitions? Pourrions-nous nous en faire un scrupule, lors-
» que, pour le malheur de la société, des charlatans éhontés
» ne s'en font aucun de fouler aux pieds la modestie, de
» dominer la sincérité, de masquer la vérité et d'entretenir
» l'erreur et le mensonge. » *(De l'esprit de corps, Archives de*
» *la Société nationale de médecine de Marseille, 1843).*

De cette manière, chacun serait tranquille, parce que
chacun serait à sa place, et surtout parce que personne ne se
tourmenterait l'esprit pour inventer des subterfuges et em-
ployer des bassesses. Tout le monde suivrait la voie du travail et de l'honneur, comme les seuls moyens pour franchir
les degrés établis qui peuvent conduire au poste qu'on ambitionne. Une telle organisation aurait d'autant plus d'avantages qu'elle ferait arriver le mérite et convaincrait l'impuissance, parce qu'elle aurait pu connaître la mesure de ses
forces. Il n'y a rien de tel que de peser un homme pour le
faire juger aux autres et à lui-même.

Les corporations professionnelles assureraient le pain du
lendemain à chaque membre de la communauté, de deux
manières :

1º Parce que, en parant à l'immoralité, en stygmatisant
la mauvaise conduite, elles mettraient des obstacles à la vie
désordonnée. Elles empêcheraient ainsi la misère que tant
d'hommes vont chercher dans les cabarets et les lieux de
débauche;

2º Parce qu'elles devraient élever des établissements, acheter
des propriétés communes, qui, comme dans les *Réductions*
du Paragay et du Panama, pourraient être appelés la *posses-*

sion de Dieu. Ces établissements serviraient de refuge et d'abri aux membres de l'association déshérités par la fortune et accablés de vieillesse et d'infirmités.

La richesse que peut atteindre l'association est immense et rapide; les legs d'une infinité de frères en profession, qui mourraient sans enfants ne manqueraient pas de venir la grossir. Ceci n'est donc point un rêve, mais bien une belle et bonne réalité, qu'il est inutile de démontrer.

Par conséquent, chaque ouvrier, chaque littérateur, cha--que artiste, chaque avocat, chaque médecin, etc. serait toujours assuré de trouver un refuge conforme à ses goûts, à ses habitudes, à son éducation; car chacun de ces établissements renfermerait des hommes qui ont fait les mêmes études ou qui ont parcouru la même carrière; de même, pour les veuves et les orphelins. De cette manière, la soif de l'or, que souvent l'incertitude du pain du lendemain excite d'ordinaire, serait calmée, puisque tout le monde pourrait se reposer sur l'avenir.

Dans cet état de choses, le mot de fraternité ne serait plus un drapeau mensonger qui cache toutes les perfidies, mais une aile tutélaire prête à abriter tous les membres souffrants et méritants de l'humanité. Qu'on se figure ces beaux domaines des diverses corporations bâtis, par l'économie publique de chaque profession, sur tous les coins de la France, et l'on pourra déjà pressentir, s'ils ne ranimeraient pas les provinces, s'ils ne contribueraient pas à la décentralisation, si désirable pour l'harmonie de la société et la juste équilibration de la nation Française. L'émancipation intellectuelle suivrait ce résultat, ainsi qu'une stimulation de moralité générale. Les vieux châteaux féodaux dont les ruines inspirent même, comme tout ce qui rappelle la mort, des regrets, pourraient être utilisés. Ainsi, la vanité, la domination avaient édifié les premiers, une bienfaisance clairvoyante et une sollicitude fraternelle relèveraient les seconds.

« Trêve aux luttes d'opinions ; il n'y a plus qu'un danger,
» la guerre sociale ; pour l'éviter, les gouvernements doivent
» comprimer d'une main puissante, et de l'autre organiser ;
» il ne suffit pas de constater les souffrances du peuple, il
» faut encore les secourir. Il ne suffit pas de comprimer le
» prolétaire, il faut l'élever, le moraliser, lui donner le pain
» du corps et de l'âme. » (Capefigue, *La société et les gouver-*
nements de l'Europe).

Ne disputons donc plus ; agissons.

IX.

Les associations professionnelles rempliraient toutes les
exigences sociales, en remédiant à deux maux capitaux d'où
dérivent tous les mécontentements, tous les troubles et toutes
les subversions. Je veux parler des punitions et des récompenses :

1º Qui n'ont pas été distribuées avec assez de justice ;

2º Qui ne sont pas descendues assez avant dans les tendances primitives qu'elles auraient dû punir ou encourager.

En effet, aujourd'hui, la vertu modeste doit arriver jusqu'au
sublime pour être récompensée, encore a-t-elle l'affliction
de voir que cette récompense est partagée avec l'intrigue et
quelquefois la bassesse. Elle a la douleur de se convaincre
que c'est plus à des circonstances fortuites qui l'ont en-
tourée, qu'à son propre mérite, qu'elle en est redevable.

Le vice doit arriver jusqu'au forfait pour être réprimé ;
encore a-t-il mille moyens de se soustraire à la punition.
Dès lors, quel enseignement, quelle moralité peut-il en résul-
ter ; aucuns. C'est au contraire un encouragement à l'intrigue
et à l'astuce. Aussi, sommes-nous arrivés à élever au rang de
qualités ces perversités anti-sociales.

Avec des institutions professionnelles sociales, il ne serait plus permis ni plus possible d'être équivoque. L'ouvrier ne pourrait pas plus duper son maître que celui-ci ses pratiques. Le maître, tout en ayant des prérogatives que le temps et le mérite lui auraient justement et successivement acquises, ne pourrait pas abuser de l'ouvrier. Celui-ci pourrait toujours prétendre à devenir maître, et une fois qu'il y serait parvenu, il saurait qu'il n'aurait plus à courir les chances de cette fortune qui élève vite, mais qui fait retomber d'autant plus douloureusement qu'on était arrivé plus haut. Tout serait lent et progressif, mais tout serait certain. Les voies ne seraient ni faciles, ni rapides, mais, elles seraient sûres.

L'humanité a une soif immodérée de justice. Pour l'homme, la justice est le premier des biens, le seul refuge auquel il s'adresse. Lorsque les hommes ne la lui accordent pas, c'est à Dieu qu'il la demande. Pourquoi cela : parce que Dieu ne lui a jamais fait d'autres promesses : punitions et récompenses ; mais justice.

Remarquez comment Napoléon s'était fait adorer de ses soldats, comment il avait créé de si bons capitaines ; par deux moyens : en leur montrant d'une main sa croix, et en leur désignant de l'autre ses conseils de guerre. L'essentiel c'est que, le cas échéant, ni l'une ni les autres ne fassent défaut. Or, comme les soldats de l'empereur savaient que justice les attendait, ils prenaient toujours le chemin de l'honneur et de la gloire.

Dans le mécanisme de la vie civile, il doit en être de même. Il faut donc multiplier le contact d'homme à homme, mais par familles déterminées. Il faut que chacun soit mis constamment sous la protection comme sous la surveillance de l'esprit de corps, afin qu'il soit toujours bien dirigé et qu'il croie constamment à une entière justice. L'homme, a dit Newton, pour d'autres motifs que ceux-ci, ce qui n'en change pas la raison, n'est *qu'un grand enfant*. Partant, il a toujours besoin d'être entouré de soins, d'affection et de surveillance. Donc, lorsqu'il se serait soustrait à l'autorité paternelle, la sollicitude fraternelle devrait s'en emparer.

Dès cet instant, il n'y aurait plus de vanité encouragée, plus d'astuce triomphante, plus de vice applaudi, plus de dupe baffouée, plus de mérite ignoré, plus de médiocrité élevée; en conséquence, tout serait tranquille parce que tout serait à sa place dans un ordre parfait. Plus de justes mécontentements, plus de souffrances matérielles, plus d'inquiétudes morales, plus de désespoirs réels, plus de perturbations sociales, car la justice serait rendue et d'autant plus heureusement qu'elle deviendrait plutôt préventive qu'exécutive. Aujourd'hui, c'est l'inverse : remarquez les fruits qu'elle a donnés. L'audace effrontée des accusés vous en fournit la mesure.

X.

Rien ne peut mieux assurer la stabilité politique que les associations professionnelles. En effet, qu'est-ce qui trouble les Etats, qu'est-ce qui bouleverse les empires, les partis ; détruisez ou annihilez les partis, vous n'aurez plus de perturbations et de révolutions possibles.

Or, qu'on ne cherche en nul autre sentiment le mobile des partis que dans l'intérêt. A part quelques hommes d'un cœur d'élite, d'une âme d'une trempe surnaturelle, vous pourrez d'ordinaire, pour me servir des expressions de M. Alexandre Weill, reconnaître un royaliste à ses oripeaux, un républicain à ses haillons. Tous deux ont les mêmes motifs qui dirigent leurs principes.

Mais, comme dans cet état, les prétentions de l'un ne sont

pas plus justes que celles de l'autre, il faut abriter la société de ces ambitions ; et pour cela, il faut placer les intérêts en-dehors dé la politique.

D'où vient que tant d'hommes se sont agités, c'était pour parvenir au pouvoir. Dès l'instant qu'ils y sont parvenus, ont-ils été les mêmes qu'auparavant ? Nullement. Aucun n'a gardé ni la même physionomie, ni les mêmes sentiments. Je ne cite point d'exemples ; tous les hommes politiques fournissent le même. Il n'y a que les révolutionnaires qui ont renchéri, ils ont semé partout la désolation, la ruine et la mort, et cela en promettant le paradis terrestre.

D'autre part, qu'ont fait pour le peuple les partis populaires triomphants ? rien, parce qu'ils ne pouvaient rien faire, attendu que l'assimilation de la politique avec les intérêts individuels enfante une monstruosité, qui ne peut rien produire mais seulement dévorer.

Un gouvernement, quel qu'il soit, est toujours trop loin de ce que l'on peut appeler le peuple ; car, par peuple, j'entends tous les membres de la nation. Il n'est jamais en contact qu'avec un certain nombre de ses membres ; c'est donc la portion qui le touche de plus près qui a les faveurs. Partant, quel que soit ce gouvernement, il aura une aristocratie, et sans chercher qu'elle est celle qui peut être la meilleure, je dis que, puisqu'il en faut une, il ne faut pas qu'on la doive au hazard, mais à la force des choses, à la puissance du mérite, à la garantie des bons sentiments. De cette manière, vérita-blement, la *démocratie pourra monter elle-même, sans faire descendre ce qui n'est pas elle.* Mais pour cela, rien ne doit plus être laissé à l'arbitraire pour les conditions hiérarchiques de l'ordre social ; tout doit être réglé et déterminé d'avance par des statuts, auxquels pouvoirs et peuple devraient se soumet-tre. Pour les gouvernants, comme pour les gouvernés, il faut que cette pensée profonde de Joseph de Maistre prédomine : *il n'y a pas d'homme dans le monde.* Déjà l'on s'aperçoit que les principes de 91, en exaltant l'individualisme, ont fait oublier l'humanité.

L'existence des corporations professionnelles formant autant de petites républiques dans l'État, comme le disait l'avocat général Séguier à Louis XVI, s'occuperaient particulièrement de leurs intérêts de famille, des besoins de la communauté, partant, l'ensemble de ces corporations veillerait en même temps sur les intérêts particuliers et sur les besoins populaires. Dans cet état de choses, il pourrait y avoir vraiment une république même sous une monarchie; mais à coup sûr, en pratiquant l'inverse comme on le pratique de nos jours, nous aurons une république sans effets républicains.

Toutefois, pour que chaque parti politique fut à jamais éteint, il faudrait plus que cela : il faudrait faire voter le peuple par corporations. A en croire Plutarque, la division du peuple romain par Numa Pompilius, était un effet de sa politique qui divisait ainsi les intérêts pour empêcher les conspirations générales. Tite Live nous apprend que Servius Tullius comprit parfaitement l'importance de cette division et qu'il l'utilisa pareillement pour les élections du peuple de Rome. Cependant, avec une telle organisation, le fameux mot de Louis XI : *Diviser pour régner*, n'aurait plus rien de son sens odieux, *inter duos litigantes tertius gaudet*. Non, il n'y aurait pas division, c'est-à-dire, lutte, mais séparation d'intérêts; partant au contraire, lutte impossible. Il ne pourrait y avoir que des rivalités d'honneur et de mérite dont l'ensemble constituerait une harmonie tendant à un but commun, aussi profitable à un peuple qu'à son gouvernement.

Dans cet état, d'ailleurs, le gouvernement n'ayant plus à s'occuper des intérêts du peuple et surtout des individus, mais étant seulement employé à tenir le gouvernail de l'Etat, ne serait plus accusé de distribuer injustement ses faveurs ou d'abriter sous sa puissance certaines prévarications.

De plus : ne peut-on pas juger d'avance du résultat de telles élections? Si l'esprit de corps est analogue à celui de famille , ne pourrait-on pas se reposer sur lui pour le choix de ses mandataires. Est-ce que lorsqu'il s'agit d'un intérêt d'une maison , la famille ne délègue pas toujours le membre le plus digne et le plus capable?

Il n'y aurait à cet état de choses qu'une objection : c'est que, dans les assemblées législatives, les professions seraient bien représentées, mais la propriété ne le serait pas. Or, comme en définitive, la propriété est le résultat de tout travail, l'ambition de toute profession, la conséquence de toute capacité , de tout ordre, de toute économie et moralité, il en résulterait que notre organisation sociale, dans ses fins politiques, manquerait de couronnement.

Heureusement, rien n'est plus facile que d'y remédier. Il faudrait que les corporations nommassent un nombre double, triple et quadruple de candidats députés , et que ce fut parmi ces mêmes candidats choisis et discutés par les familles professionnelles, qu'un haut collége national, collectif et suprême de la propriété choisît son nombre des élus.

De cette manière, il y aurait des élections à deux degrés ; mais avec une garantie de plus que les choix tomberaient en dehors des partis, qu'ils s'exécuteraient sans intrigue, par la force des choses, par la puissance du besoin national. Ici, chacun voterait avec connaissance de causes ; d'abord , ces familles professionnelles ne manqueraient jamais de porter leurs suffrages sur des hommes d'élite, ensuite le dernier choix du haut collége qui serait formé par les *patres conscripti* de la nation , ne saurait tomber que sur les hommes les plus distingués de ces mêmes candidats. Or, ici, tout serait justice ; les intérêts du peuple seraient sauvegardés par les corporations sans jamais pouvoir être annihilés ; tandis que les grands motifs politiques de la nation seraient spécialement sous la protection des grands propriétaires, qui , en définitive, sont toujours les meilleurs patriotes, parce que personne mieux qu'eux, n'est intéressé à ce que le sol de la patrie ne tremble pas. Avec le suffrage universel, sans ordre, ni règle, tout a la même valeur, le vagabond comme l'honnête ouvrier, l'homme de capacité comme l'imbécille, le savant comme l'ignorant. C'est un niveau qui rabaisse tout ; en conséquence, c'est une absurdité et une injustice.

Mais, alors, par le fait de ce haut collége, crierait-on peut-être au privilége : ce serait une infâme calomnie qui n'aurait pas d'écho, car, la propriété, au milieu de nos lois, n'est pas plus un privilége que la capacité. Cette dernière vient de Dieu, la propriété vient de la capacité. Il y a plus : la propriété suppose des vertus : celles de la conservation qui entraîne l'ordre, l'économie, le travail, et souvent la tempérance dans une vie modeste et bien réglée.

D'ailleurs, comme les voies pour arriver à cette même propriété ne sont barrées à personne, ce ne pourrait jamais être un privilége, mais une équitable prérogative qui est et qui devra toujours être un juste motif d'émulation. Ce qu'il faut, c'est d'empêcher qu'on en fasse un motif d'une injuste convoitise.

Avec le suffrage universel tel qu'il est pratiqué aujourd'hui, le mécanisme politique ne peut pas subsister parce qu'il ne produirait que des partis implacables, ne soulèverait que des passions haineuses sans heureuses conséquences pour le peuple. En effet, que voyons-nous déjà, des ambitieux qui s'agitent sans cesse, et des hommes honnêtes et clairvoyans qui, devinant leur but, luttent avec énergie contre leurs ménées ; mais la portion ignorante, quoique probe, ne comprenant ni le but des uns, ni les intentions des autres, ni le résultat possible, commence à s'abstenir et finirait par se décourager tout à fait. Dès lors, sur quoi reposera la société, où cheminera la nation ?

Qu'en conclurons-nous ? comme Aristote, qu'un tel suffrage universel ne peut être bon que dans les grandes crises où toute la nation se lève par enthousiasme ou par crainte du danger.

Viendrait-on au système à deux degrès tel que M. de Genoude et d'autres l'ont formulé? On ne parerait pas à la difficulté, parce qu'on ne sortirait pas des partis.

Avec le vote par corporation professionnelle, ce n'est pas l'homme qui sera le plus monarchique ou le plus républicain qui sera choisi, ce sera celui qui aura le plus de vertus et qui pourra défendre le mieux les intérêts de la communauté. Ce même candidat, repris par le haut collége de la propriété, sera passé de nouveau à l'épreuve du scrutin pour savoir plus particulièrement s'il est l'ami de l'ordre général, si, tout en tenant aux intérêts de sa corporation, il tient autant aux intérêts nationaux.

Je sais bien que je trouverai de violentes oppositions, autant par exemple qu'il y aura d'ambition sans motif, d'imagination sans conscience, mais qu'on y réfléchisse : s'il faut étendre l'esprit de famille, si avec nos mœurs de liberté on ne peut revenir au droit d'aînesse, aujourd'hui d'ailleurs insuffisant, il faut appeler l'esprit de corps et en profiter. A cet esprit de corps, il faut donner un contre-poids, l'esprit de conservation inspiré par l'amour de la propriété. Ce sont ainsi des forces qui, en se mesurant, s'harmoniseront.

Aujourd'hui, le peuple français ne trouve de contre-poids que dans le pouvoir. Voilà le mal ; parce que le pouvoir et le peuple peuvent se trouver en lutte. Avec notre système, ce n'est plus possible.

Les agitations politiques se trouveraient ainsi tellement divisées, éparpillées et contenues sur le sol de la patrie, qu'elles ne pourraient jamais se retrouver, se réunir, s'il s'agissait d'atteindre ou d'ébranler le pouvoir par la violence. Par la force de la volonté de la nation, on pourrait plus facilement et surtout plus sûrement qu'aujourd'hui, le modifier, mais le renverser, jamais. D'ailleurs, comme ce qui meut les ressorts politiques du peuple, c'est l'intérêt, et comme cet intérêt serait vraiment débattu dans chaque famille professionnelle où serait la cause du désordre, où le peuple pourrait-il trouver ses griefs contre le pouvoir ?

Il y a plus : un tel système entraînerait une pacification aussi générale que locale : les agitations, les haines de clocher, de localité, seraient à tout jamais impossibles. En effet, chaque profession organisée sur le sol de la France par centuries, il en résulterait que chaque individu voterait, non avec son pays et son quartier, mais avec toute sa famille professionnelle française. Par conséquent, le maçon qui loge près du marchand, le marchand qui loge à côté du médecin, ne pourraient ni comploter, ni s'influencer. Chacun se laisserait diriger d'après sa propre conscience, ou par l'esprit de corps ou par le sentiment de sa grande famille.

Objectera-t-on la difficulté d'organiser un pareil système d'élection ? mais cette difficulté est si petite qu'aujourd'hui on est parvenu à faire voter l'armée d'une manière fractionnée et ridicule, puisque chaque militaire doit voter pour son département. Or, ce système est bien plus compliqué que celui que nous indiquons, sans compter qu'il est tout à fait absurde. En effet, j'ai vu dans une brigade de gendarmerie, un gendarme qui était du département du Calvados, déclarer ne pouvoir voter parce qu'il ne connaissait personne dans son pays. Maintenant, supposez qu'on eut fait voter ce même militaire pour l'armée, et dites-moi s'il n'aurait pas connu dans le sein de ce grand corps un nom marquant, illustre, qui aurait eu sa confiance ? dites-moi si l'esprit de corps faisant circuler, de bouche en bouche, des candidats, il ne mettrait pas en avant les noms les plus méritants et les plus distingués ? à coup sûr, on ne verrait pas préférer des Boichot et des Ratier aux Bugeaud, Changarnier, Oudinot, Bedeau, Cavaignac, etc.

Il n'y a plus qu'une difficulté : c'est qu'il y aurait beaucoup de propriétaires qui ne pourraient entrer ni dans les corporations professionnelles, ni dans le haut collége national. Il faudrait alors, suivant certains modes d'agriculture, faire des catégories de propriétaires qui deviendraient, elles aussi, des véritables corporations agricoles.

Le peuple gagnerait à cette organisation, sa tranquillité d'abord, en second lieu, la justice pour ses vrais intérêts. Partant, la nation marchant dans une voie pacifique et sûre, ne pourrait que progresser, puisque ce sont les secousses qui l'arrêtent ou la retardent. Tous les bons esprits sont d'accord qu'il n'est plus possible de revenir en arrière, de reprendre les errements qui gouvernaient les sociétés anciennes, et cependant les essais récents démontrent qu'une trop grande nouveauté est dangereuse.

Que faut-il donc faire? régler et concilier tous les intérêts progressivement avec les avertissements de l'histoire, et marcher alors d'un pas ferme, mais lent, dans la voie d'une démocratie déjà expérimentée.

Comment feriez-vous autrement? nos mœurs sont imprégnées de démocratie; la justice, aussi bien que la charité, les fins humanitaires la révendiquent : adoptons donc les moyens que la raison nous trace, que notre cœur nous justifie, que les intérêts communs appellent.

Nous avons assez limé la chaîne de l'erreur, il est temps que nous la brisions.

> . . . . Entre tous les tyrans, connaissez-vous le pire?
> C'est l'erreur. Elle seule a fondé tout empire.

Ne donnons plus raison à Chenier. Après tant d'expérimentations faites, tout peut être expliqué, raisonné, démontré. Mettons tout au grand jour avec franchise, et marchons avec assurance.

Interrogez encore une fois l'histoire, et demandez lui ce qui a sauvé les sociétés modernes. Elle vous répondra : l'esprit

de corps du clergé depuis le moyen-âge jusqu'à nos jours ;
l'esprit de corps de l'armée et de la magistrature tout dernièrement. Supposez l'esprit de l'armée et de la magistrature
supprimé, comme tous les autres esprits de corps, par Turgot,
et dites-moi ensuite où vous auriez trouvé la société française et la civilisation après 1830 et 1848.

Aujourd'hui qu'on a détruit l'esprit de corps et abandonné
les masses à elles-mêmes, il s'est fait une organisation sou-
terraine qui a pris au dépourvu la société désunie et dislo-
quée. L'esprit de corps est d'ailleurs tellement un besoin pour
l'homme en société, que malgré lui, à son insu, il se groupe,
il s'associe. La question est de savoir si on doit le laisser
ainsi s'associer pour le mal ou pour le bien. « ceux, a dit
» M. Capefigue, que le pouvoir ne savait pas grouper par la
» corporation ou l'assistance légale, s'assemblèrent à l'appel
» des associations subversives et secrètes. » *(Ouvr. cité).*

Reste à savoir maintenant ; au milieu de notre Babel de principes, ce que c'est que le bien ou le mal ?

Le bien, c'est tout ce qui pouvant être utile à soi, l'est encore à d'autres en particulier et à la société en général.

Le mal, au contraire, peut être avantageux à l'individu,
mais alors, il est toujours nuisible à quelqu'un sinon à plusieurs ou à la généralité de la société.

XI.

Toutefois, il n'y a pas de question qui puisse se présenter,
en ce qui touche à la faiblesse humaine, qu'il soit possible de
résoudre tout d'abord d'une manière complète et absolument
satisfaisante. Dans l'organisation populaire et le mécanisme
démocratique que je viens de présenter, l'esprit de famille

et l'esprit politique que l'on désire tant agrandir, seraient agrandis de telle manière que nécessairement, les intérêts géographiques d'une province, d'un département, d'une localité, ne trouveraient plus de place. Mais, s'écrie-t-on, à qui nous adresserions-nous pour défendre les intérêts du pays ? qui nous ferait faire des ponts, des routes, des canaux, etc., lorsque nous n'aurions, pour nous représenter, que des grands noms, des illustrations qui habiteraient les grandes cités ou la Capitale?

Je ne voulais pas d'autre preuve de la bonté de mon système. Oui, avec une telle organisation, l'intérêt général domine tellement l'intérêt local, qu'il est étouffé, il ne trouve plus de défenseur. S'il en était autrement, nous n'aurions nullement remédié à l'état actuel des choses.

Cependant, il est juste aussi de donner des défenseurs à l'intérêt local, mais de lui en donner précisément de complètement en-dehors des rouages ou des mobiles politiques; car, je l'ai dit, les intérêts individuels et locaux ne doivent jamais pouvoir se mêler à la politique. La politique est le domaine de tous. La tirailler dans un sens plutôt que dans un autre ou dans tous deux à la fois, c'est la perdre.

Il faudrait donc, pour parer à tout inconvénient, avoir réellement une institution locale et distincte, uniquement destinée aux affaires du pays. Or, les hommes de cette institution, les avocats de la localité, devraient être les conseils généraux du département et des provinces par l'organe des préfets et des prévôts-préfets. Chaque préfet représenterait un département, chaque prévôt-préfet une province. Seulement, tous ces derniers devraient se réunir à la Capitale pendant certaines époques, et constitueraient ainsi une sorte de conseil d'État fédératif d'une puissance réelle, unitaire et harmonique auprès du gouvernement. Toutefois, ces préfets et ces prévôts-préfets, nommés par le pouvoir, après la présentation ou l'agrément des conseils généraux du département et de la province, pourraient aussi être révoqués sur la demande de ces mêmes conseils.

Une telle organisation doit paraître un peu surprenante, aujourd'hui que pouvoir et peuple semblent lutter et de suprématie et de méfiance. Ici, au préalable, on s'expliquerait, on s'entendrait franchement dans l'intérêt commun. Les titres, plus que les hommes, seraient discutés, et si l'État conservait sa puissante initiative, le peuple, par ses hauts conseils qui le représenteraient, aurait ses tuteurs plutôt prêts à éviter un dommage qu'à le réparer. Le bien qui résulterait de cet état de choses, serait si grand, que pouvoir et peuple ne pourraient plus s'incriminer : chacun serait satisfait, parce que tout se passerait au grand jour dans la balance de la justice.

Qu'on y réfléchisse et surtout qu'on ne regarde tout ceci que comme l'esprit de certains principes et non les tables d'une constitution inflexiblement arrêtée. Ce n'est qu'une simple doctrine destinée à expliquer :

1° Que pour éteindre autant que possible l'égoïsme, il faut non-seulement agrandir la famille, mais augmenter la puissance de cette même famille en-dehors de laquelle l'individu ne puisse trouver qu'isolement et impuissance ;

2° Que pour faire cesser les agitations politiques, il faut séparer entièrement les hommes politiques des administrateurs, c'est-à-dire, les hommes occupés des intérêts nationaux, de ceux qui doivent l'être uniquement, des intérêts individuels et topographiques.

Enfin, ces derniers chapitres ont pour but de montrer qu'avec de telles vues, il y aurait moyen d'organiser un système administratif, qui, tout en conservant la circonscription, et la principale administration départementale, devrait relever de nouveaux états de province, de manière à augmenter et la puissance et l'importance provinciale que Paris leur a enlevées au grand détriment de tous, du peuple comme des

grands, des gouvernants, comme des gouvernés, de la Capitale, comme de la province.

XII.

À tout cela, il faudrait une dernière condition, tout à fait
en opposition avec ce que l'on voit de nos jours.

Il faudrait que les missions confiées fussent de très-longue
durée. En effet, les hommes chargés de courtes délégations
ne peuvent pas faire le bien, parce qu'ils n'ont pas le temps
d'étudier les hommes et les choses. Aussi, voyez la position
déplorable de nos départements qui changent si fréquem-
ment de préfets. Il s'agit toujours de la toile de Pénélope;
c'est une œuvre que l'un fait et que l'autre défait. Qui est-ce
qui en souffre? le pays, qui, au milieu de ces flux et reflux,
reste toujours à la même place.

Or, pour cela, il faudrait deux conditions que nous avons
déjà essayé de faire ressortir :

La première, c'est que chaque administrateur sût bien que
la même force hiérarchique qui a aidé à l'élever, peut le faire
descendre; car il faudrait que, par suite de l'avis exprimé par
les conseils généraux de départements et de provinces,
ceux-ci délibérassent et pussent demander au pouvoir le
renvoi de tel fonctionnaire comme sa conservation.

La seconde condition de garantie reposerait sur le choix
qui aurait dû se faire, de concert avec le gouvernement, sur
les titres des candidats. Avec cet état de choses, on éviterait
de grands mécomptes, sinon de réelles subversions. En effet,
la pure fantaisie ministérielle, élevant et abaissant nos préfets,
est une faute autant administrative que politique. Car, en
faisant ainsi monter, sans règle, tant d'hommes à la faveur,

on ne fait qu'augmenter le nombre des ambitieux, tandis que,
en les faisant descendre par la disgrâce, le gouvernement ne
crée que des mécontents, ou même des conspirateurs. Pour
pacifier l'humanité et organiser définitivement l'ordre social,
il faut que la justice préside à tout : mais pour cela, il faut
que tous délibèrent et agissent au grand jour.

Objections réfutées.

Le communisme et le libéralisme qui ont tant guerroyé entre
eux n'ont cessé chacun d'attaquer les corporations et les jurandes : preuve certaine que nous sommes dans la vérité.

Ce qu'il y a de singulier, c'est que c'est aux corporations
de Thésée, de Numa et de Saint-Louis que le communisme a
emprunté la force de son raisonnement. Mais bientôt l'absurdité ou la soif immodérée du pouvoir s'y mêlant, d'un système
d'égalité morale, équitable, possible et désirable, on en a
fait un niveau téméraire qui ne savait qu'abaisser. Il fallait une
mesure, une toise commune et nouvelle, appuyée sur des
principes antiques, expérimentés et perfectionnés, qui eût
hiérarchisé chacun suivant l'élévation de son mérite et l'é-
tendue de ses droits, on y a substitué un joug uniforme et
fatal, qui, en brisant tout sous son poids aveugle, ne laissait
au-dessous que des ruines et au-dessus que la tyrannie de
leurs audacieux auteurs.

Le libéralisme de 91, dans ses juvéniles prétentions, guère
moins aveugle, veut la liberté complète en même temps que
la liberté dans l'ordre et l'ordre dans la liberté ; mais la dernière chose, dans les mots seulement ; car, tout jusqu'ici et
par les auteurs de cette politique, s'est passé dans la sonorité
de ce certain nombre de voyelles et de consonnes, placées
dans un arrangement rhythmique plus ou moins différent.

Soyez donc conséquents ; qu'est-ce que la liberté dans l'ordre ou l'ordre dans la liberté, si ce n'est la *liberté réglée*.

Qu'est-ce que la liberté réglée? ce ne peut être qu'une permission aussi grande que possible de faire le bien, de s'élever par son mérite, de grandir par ses vertus ; car, je défie qui que ce soit de prétendre, qu'au milieu d'une société policée, vous puissiez aussi vouloir la même extension pour le mal.

Or, si vous désirez que votre mariage de l'ordre avec la liberté ne puisse procréer que le bien, vous ne devez pas, il me semble, être fâché, qu'il soit bien sûr et bien certain qu'il ne peut produire que cela.

Pas du tout : vous voulez la liberté qui puisse élever le mérite et grandir les vertus, et vous ne voulez pas la règle, la mesure ou le crible qui ne permettrait qu'au mérite et à la vertu de passer. Voilà l'erreur ! le mal de l'esprit de 91, contre lequel folie et raison se sont venus briser jusqu'ici. Voilà la lèpre qui nous dévore, le virus contaminant qui inocule toutes nos révolutions ; parce que ce principe est faux : il conduit sur une voie malheureuse qui n'aboutit qu'à une impasse.

D'ailleurs, sur quoi vous fondez-vous pour être si obstinés? sur les beaux résultats que vous avez obtenus? Ce qu'il y a de bon dans notre époque actuelle, c'est à l'âge de l'humanité que nous le devons, c'est à la science, partant, à l'expérience successive et graduelle du progrès des temps ; témoin le siècle de Louis XIV. Ce que nous devons à votre politique le voici :
« Le mensonge se nomme raison ; le désordre, liberté ; l'or-
» gueil, dévouement ; l'ambition, principe politique ; le maté-
» rialisme, religion ; rien n'est plus, tout s'expérimente ; notre
» société est un cadavre vivant que les utopistes viennent
» disséquer ; les gouvernements n'abusent plus des hommes,
» mais les hommes des gouvernements ; chacun veut être le
» pouvoir. » (De Valori, *Fusion des partis*), c'est-à-dire en deux

mots : vous avez cicatrisé des maux particuliers pour ouvrir des plaies publiques,

Voilà votre résultat : maintenant que prétendez-vous ? que tout ce mal, tout ce bien à force de se heurter, s'équilibreront ! belle perspective et solide conséquence. Mais qui vous l'a dit, qui vous l'assure ? depuis quand les erreurs passées doivent-elles se transformer en garanties pour l'avenir ? Vous avez 60 ans de vie et 60 ans de désordre : nous avons des milliers de siècles d'expérience, de raison, d'ordre, de moralité civile, et avec de simples espérances vous voulez avoir le pas. Quelle prétention !

On reprochait jadis aux soutiens de la vieille société de ne pas vouloir dépouiller le vieil homme. Aujourd'hui, on peut faire avec autant de justesse le même reproche au libéralisme fataliste. Ceux qui en sont si inconsidèrément imprégnés ont peur des jurandes comme les enfants de l'ogre. Mais vous faites beau jeu au socialisme dont cependant vous êtes tant effrayés ! vous ne remarquez donc pas que vous ressemblez à un poltron qui fuirait à toutes jambes une bête fauve sans ôter ses yeux de dessus. Ne comprenez-vous pas qu'en fuyant ainsi sans regarder votre propre route, vous vous briserez et vous succomberez. Qu'en résultera-t-il ? que si vous aviez lutté franchement et énergiquement avec votre ennemi vous auriez pu le terrasser. En fuyant comme vous le faites, ce sera par votre propre suicide qu'il aura et la raison, et le triomphe et vos dépouilles.

Vous n'avez qu'une face de la vérité pour vous : c'est que votre liberté complète a augmenté la richesse publique, parce qu'elle a détruit le monopole et le privilége qui ne permettaient point l'essor de chacun vers le bien et les grandes choses. C'était aussi atroce, qu'injuste et inhumain ; nous vous l'accordons : mais soyez sincères donc à votre tour, et la question se résumera en ceci : amalgamez les antiques principes avec les nécessités nouvelles. Alors vous progresse-

rez, parce que vous vous appuyerez sur le passé ; alors vous
prospèrerez , parce qu'étant sur une voie sûre vous arriverez
heureusement.

La plaie sociale actuelle n'a été produite que par l'erreur ;
elle n'est entretenue aujourd'hui que par votre entêtement.
Vous ne voulez pas de frein? mais vous êtes donc des anges
ou des archanges ! vous ne voulez pas de frein ? mais qui ne
veut pas de frein ne veut pas de guide : qui ne veut pas de
guide ne veut pas de règle : qui ne veut pas de règle ne veut
pas d'ordre. Prenez garde, vous êtes aussi absurde que
le communisme, et un pas de plus vous êtes aussi dangereux!
L'un veut sciemment la tyrannie , vous, vous marchez résolu-
ment et aveuglement vers tout ce que l'anarchie peut avoir de
plus désordonné et de plus sauvage. « Ordre et mouvement
» sont presque identiques. Les soi-disant hommes d'ordre
» qui font de la résistance au mouvement, sont aussi révo-
» lutionnaires que les violents du mouvement qui renver-
» sent l'ordre. » (Alex. Weill.)

Mon Dieu, quelle cruelle position ! n'ai-je pas eu raison de
dire que notre plus implacable ennemi était l'erreur. C'est
elle, elle seule, elle évidemment qui est le lien fatal qui nous
étreint sur le rocher de Promethée où nous sommes en-
chainés.

La liberté telle qu'on nous l'a faite , est l'entrave la plus
inflexible au bonheur populaire; c'est la fatalité qui s'op-
pose à l'égalité proportionnelle , après laquelle on court
depuis si longtemps. C'est par cette liberté que se font ces
fortunes phénoménales. C'est elle aussi qui précipite si
subitement les ruines. La misère populaire, l'abandon de
nos frères , le délaissement de l'agriculture ne reconnaissent
pas d'autres causes , parce que c'est ce même principe qui
a enfanté le trop fameux *chacun pour soi.* Avec une telle
liberté, rien n'est plus : ni famille, ni patrie, ni religion. Le
moi, toujours le moi, absorbe tout , désole tout.

Après tant de maux, peut-il y avoir encore de nouveaux apôtres pour une liberté illimitée? Une liberté illimitée serait une tyrannie pour le bien, et le despotisme du mal. Ce serait vouloir une nouvelle Babel où personne ne s'entendrait plus; ce serait vouloir détruire tous les liens qui contiennent encore un peu l'égoïsme; ce serait vouloir marcher à l'inverse de tous les besoins sociaux, qui doivent reconnaître en première ligne le respect hiérarchique, sans lequel il n'y a ni ordre ni progrès.

La démocratie ne peut trouver des garanties dans ses droits que par la sévérité et l'équité de la loi. L'aristocratie, quelle qu'elle soit, aura toujours la clef des faveurs; comme le peuple ne pourra jamais l'atteindre, il ne peut avoir d'autre abri que celui de l'inexorabilité des principes écrits. Vouloir autre chose, ce n'est ni vouloir la démocratie, ni vouloir la prospérité de son pays, la grandeur de sa nation. Athènes et Lacédémone ne furent grandes que par la juste rigueur des lois de Solon et de Lycurgue.

Ce qui peut donc servir la démocratie, pacifier l'humanité et arrêter ses déchirements intestins, c'est la justice. Ce qui peut égaliser les hommes qui vivent en société, ce ne peut être qu'une mesure commune où chacun puisse venir essayer sa taille. Si quelqu'un n'y arrive point, ce ne sera la faute de personne autre que la sienne ou celle de la destinée que Dieu lui a faite ici bas. Appelez cette mesure jurande, conseil de prud'hommes, jury, concours, donnez lui le nom que vous voudrez; mais il en faut une pour que chacun puisse rester à sa place sans agitation et sans murmure. L'égalité matérielle ne peut exister parmi les hommes, parce que Dieu ne l'a pas voulu, mais ce qu'il veut, ce qu'il commande même, c'est que la mesure qui les apprécie soit parfaitement égale et juste, attendu que sa justice sera de même.

On a parlé tout dernièrement d'une doctrine qui aurait reçu

pour nom, celui de maunomotopole. Ses règlements protège-
raient la propriété des œuvres de l'intelligence à l'instar de
celles de la propriété foncière. Ce serait vraiment justice :
c'est même une nécessité, si l'on veut pousser l'humanité dans
un progrès réel et continu. Or, qui mieux que les corporations professionnelles et leurs tribunaux compétents pourraient juger les œuvres de chacun ; puisqu'ils seraient occupés à séparer tout d'abord et constamment l'ivraie du bon
grain. Après ce triage, protection, secours et respect au mérite seraient nécessairement obligés.

Corollaires résumants.

Qui veut la fin veut les moyens.

Le progrès est le but de l'humanité : le progrès doit être la
tendance primitive d'une nation. Qui veut le progrès, veut la
stabilité politique, qui veut la stabilité politique doit vouloir
la fusion des partis.

Mais comme ce dernier fait est au-dessus de la vertu de
l'homme, entraîné qu'il est constamment par l'intérêt qui
forme ces partis, il n'y a plus qu'un salut : c'est une organisation sociale humanitaire et politique qui annihile ces mêmes
partis.

Le mécanisme social dont il est question, n'est pas nouveau ;
il a ses racines dans les sociétés anciennes, comme sa sanc-
tion dans l'histoire moderne et sa réalisation dans l'esprit de
corps. Il fut imaginé à Athènes, utilisé à Rome, perfectionné
en France par Saint-Louis, et ne finit qu'à notre première révolution. Aujourd'hui, le sentiment du besoin de cet esprit
de corps et d'association se manifeste de toute part. Témoin
même ses exagérations dangereuses.

En effet, comme dans toute organisation sociale, le premier

mobile doit être la vertu ; comme il est prouvé que rien n'éveille et n'excite cette vertu mieux que l'esprit de famille, il faut agrandir ce même esprit.

Or, comme l'agrandissement de l'esprit de famille, même aussi grand qu'il l'a été autrefois, est aussi impossible à ramener, qu'il serait insuffisant aujourd'hui, il faut appeler l'esprit de corps qui a absolument les mêmes mobiles que le premier.

Tout d'abord, il ne faut pas confondre l'esprit de corps avec l'esprit de caste. L'un exclut l'autre : l'esprit de caste n'a plus de racines dans nos mœurs. En aurait-il, que l'esprit de corps, insinué dans une grande diversité d'associations morales professionnelles, les détruirait entièrement. D'ailleurs, l'esprit de caste était fomenté par l'orgueil ; l'esprit de corps est dominé par des sentiments de fraternité.

Seulement, qui veut cette fraternité doit vouloir une juste surveillance ; parce qu'il n'y a que l'affection qui puisse surveiller et diriger, comme il n'y a qu'une surveillance réciproque qui puisse produire la moralité publique et servir de police générale, organisatrice et protectrice.

L'esprit de corps, qui n'est que l'esprit de famille étendu, veut essentiellement la justice. L'intérêt commun, l'honneur réciproque la commandent. Cette justice amènerait la pacification générale ; parce que tous les droits seraient proportionnellement garantis et que chacun serait à sa place. Ce qu'il y aurait surtout de particulièrement efficace, c'est qu'une telle justice fraternelle serait plutôt préventive qu'exécutive. Quel bien pour la société, puisqu'il y aurait plus de maux prévenus que punis !

Cependant, qui veut une pareille justice, veut des règles, des juris de familles, des avertissements fraternels, des admonitions ; par conséquent, il doit vouloir l'esprit et les institutions disciplinaires des jurandes, perfectionnées suivant la situation actuelle de la société, d'après les tendances démocratiques progressives. Il doit donc vouloir des juges de concours, un tribunal de famille nommé par les corporations elles-mêmes et non par l'État ; car, la souveraineté populaire est aussi bien une vérité primitive, qu'elle est devenue un principe étendu. Il serait donc aussi impolitique qu'injuste de la comprimer. Elle se relèverait toujours avec une nouvelle puissance.

La démocratie ne peut plus se combattre ; elle doit simplement se régler pour qu'elle devienne juste. L'idée de Montesquieu dominera toujours désormais : les gouvernements sont réellement faits pour les peuples et non les peuples pour les gouvernements. Mais, précisément, avec ces principes, un gouvernement doit être constitué de manière à abriter aussi bien les intérêts particuliers qu'à sauvegarder les intérêts généraux. Ce but manqué, tous sont incomplets ; par conséquent, tous sont éphémères ; parce qu'il sera éternellement reconnu avec Bossuet que la vraie fin de la politique est de rendre la vie commode et les peuples heureux.

Un ordre si moral et si parfaitement d'accord avec la nature de l'homme, mettant chacun à sa place, ne pourrait qu'amener un bien-être général plus uniforme ; parce que la prospérité nationale devrait en être nécessairement augmentée. En effet, aucune force ne se trouvant en-dehors de ses moyens, mais, au contraire, immédiatement appliquée aux choses auxquelles elle serait la plus propre, il ne pourrait qu'en surgir une proportion beaucoup plus grande de travail, et partant, de richesse publique.

Avec une telle organisation, *tous les mérites trouvant des issues et toutes les médiocrités des barrières*, il en résulterait un concours beaucoup moins nombreux et empressé des ambitions sans motif, et le grand problème de la décentralisation et de l'extension agricole serait résolu.

Avec une telle organisation, enfin, une nation posséderait les deux plus puissants leviers sociaux qui puissent donner

une impulsion complète à un progrès général, parce qu'elle
pourrait mettre à profit les deux seules valeurs incontestables
et vraiment fécondes :

La moralité appliquée, et le travail entièrement utilisé.

De cette manière, le temps qui est, comme le disait avec
raison Franklin, l'étoffe dont la vie est faite, serait aussi uti-
lement que généralement employé; par conséquent, la France
cheminerait beaucoup plus loin dans la perfectibilité indus-
trielle, sans se voir jamais étouffer par sa trop grande extension, comme menace de l'être l'Angleterre.

Il pourrait bien y avoir momentanément moins d'or mon-
nayé, mais plus de produits équilibrés, servant plus immédiatement aux besoins généraux d'une vie commode et heu-
reuse, ce qui, en définitive, ne ferait que réaliser cette grande
vérité exprimée par Moïse : que la véritable richesse n'est pas
dans les coffres-forts, mais dans les greniers.

Au reste, la fraternité pratique qui en résulterait, en aug-
mentant la moralité individuelle par l'obligation réciproque
des devoirs des membres de chaque famille professionnelle,
empêcherait les dilapidations particulières, en même temps
qu'elle produirait des économies publiques destinées à proté-
ger la carrière du talent et de la vertu, et à soulager l'infortune.

Je dis l'infortune, car, dès l'instant qu'on ferait vivre la lettre
de ces deux mots inséparables et qu'on a tant séparés :
DROITS et DEVOIRS, la misère et le désespoir ne seraient
plus de ce monde. Partout, la loi sur l'assistance publique
serait écrite et pratiquée.

PROJET DE LOI.

J'aurais voulu me borner au rôle de physiologiste et de philantrope, concevant que celui de législateur réclamait des capacités spéciales; mais depuis que dans un beau discours M. Thiers a invité chaque doctrine à se formuler en articles de lois, j'ai trop bien compris la portée de ce défi jeté à toutes les utopies qui circulent, pour laisser planer le moindre soupçon sur le système social et politique que je viens préconiser. Malgré donc l'insuffisance de mes connaissances, par ma confiance dans la cause que je défends, j'ai du essayer. Je le fais même avec d'autant plus de raison, que les idées que je trace, semblent, par la nécessité, gagner instinctivement chacun. Toutefois, comme l'instinct qui peut faire pressentir un besoin ne suffit pas lorsqu'il s'agit d'organiser, qu'il faut des études sérieuses, je me suis déterminé.

Je me suis déterminé d'autant plus inévitablement, que parmi les personnes qui semblent adopter les doctrines que j'indique, MM. Mutel et Place, patronnés par M. le général Cavaignac, tout en prenant l'idée des institutions de Saint-Louis, les dénaturent au point d'en faire un système qui viendrait troubler l'équilibration politique et la justice sociale. En effet, dans leur préoccupation pour l'ouvrier, ils en font une vaste et unique corporation (10 millions d'individus), pour laquelle tout ce qu'il y a de force, de capacité et de richesse nationales devrait s'imposer à l'effet de lui assurer un sort et de lui garantir un avenir. De sorte qu'il ne serait pas difficile de prouver que dans peu d'années, cette corporation qui formerait bientôt un nouveau tiers-état, dominerait par l'influence de l'esprit de corps et par sa richesse, les autres membres de la société nationale. D'ailleurs peut-on admettre qu'il y ait ainsi une corporation organisée dans la nation sans que les autres le soient ? c'est impossible.

Une telle organisation ne peut être bonne aujourd'hui, qu'à la condition que ces corporations soient très-nombreuses et très-variées, car si elles étaient limitées, vous rentreriez dans l'esprit de caste ou de parti qu'elles doivent avoir pour but de détruire. De cette manière, en effet, vous les rendez utiles à la politique en ce sens que ne pouvant plus la troubler; elles concourent à la stabilité gouvernementale, tout en assurant pour l'individu la protection fraternelle et l'assistance publique. Qu'est-ce qu'un parti, sinon un ralliement autour d'un certain drapeau. Les partis sont donc eux-mêmes des corporations, dangereuses, parce qu'elles ont trop de force et de puissance et qu'en un instant donné, elles peuvent s'imposer les unes aux autres. Avec la subdivision infinie des corporations professionnelles ce n'est plus possible, parce qu'aucune d'elles, ou même plusieurs d'entr'elles ne peuvent s'unir pour dominer le reste de la nation.

Au point de vue social, le système de MM. Mutel et Place et tous ceux qui pourraient lui ressembler sont encore dans une fausse voie, parce que les propriétaires, les agriculteurs, les médecins, les avocats, les littérateurs, les artistes et tous les artisans en un mot, qui participeraient ainsi aux caisses d'épargne, de secours et de retraite d'une seule corporation ne pourraient en retirer ni pour eux, ni pour les leurs, aucun bienfait dans un moment d'infortune. Une mesure, une réorganisation pour être utiles doivent être générales. Nous avons vu le peu de bien qu'ont pu faire les demi moyens, les institutions partielles : ils n'ont été que des anodins locaux ou individuels qui n'ont eu aucune influence sur la source du mal. D'ailleurs, avec de pareils systèmes, le sens moral, l'esprit hiérarchique ne sont nullement relévés, quoiqu'ils soient les besoins les plus indispensables de notre situation d'éparpillement et d'individualisme. De plus, les mœurs diverses, les éducations différentes ne sont nullement abritées : tout resterait toujours confondu pêle-mêle comme dans le tombeau. Par la doctrine que je propose, chaque profession ayant sa caisse, ses statuts, pouvant avoir ses maisons de retraites, ses écoles professionnelles, entretient son point d'honneur, sa dignité propre et s'avancerait en particulier graduellement vers les améliorations à venir qui pourraient lui paraître plus nécessaires et mieux appropriées. Cette doctrine permet, enfin, à chaque profession, de conserver ses gouts, à chaque éducation de satisfaire ses besoins, à chaque individu de garder ses habitudes; ce qui, en assurant toutes les diversités de l'harmonie sociale, ferait naître, sans efforts, l'esprit de corps, parce que dans l'intérêt général se trouverait aussi la satisfaction personnelle.

De cet esprit de famille étendu et agrandi naîtrait la moralisation qui est inévitablement la conséquence de l'ordre, de la discipline et de la hiérarchie, tandis que du système de MM. Mutel et Place, qui n'ont vu que le côté matériel de la question, il résulterait au contraire une certaine démoralisation. Il ne s'agit rien moins, en effet, que de faire alimenter une partie des citoyens par une autre partie, et de créer une sorte de communisme entretenu non par l'État, mais par la nation. Or, outre l'injustice qui s'en suivrait, outre que ceci blesse la dignité de l'homme, il est naturel autant que juste, sinon indispensable, de trouver les ressources de chacun dans sa propre force intrinsèque. Sans cela tout système social n'est qu'un échafaudage temporaire destiné à périr, attendu que les uns supportant le poids des autres ne pourraient que se fatiguer ou s'affaisser. Avec notre doctrine chaque famille professionnelle doit s'élever par sa propre puissance, par sa moralité, l'ordre de sa discipline, les fruits de son travail et les réserves de son économie.

Ces explications données, je commence la formule d'une telle organisation politique et sociale en articles de loi. Seulement, j'avertis d'avance qu'il ne peut s'agir que des dispositions originelles. L'expérience et le temps devront dicter successivement ce qui concerne les détails et les mesures corrélatives. Avoir la prétention d'enfanter sur le champ un code complet, ce serait une folie. Depuis Jupiter, il n'est sorti du cerveau de personne une Minerve armée de pied en cap : c'est dire, que je n'ai la prétention d'aucune perfection, ni d'aucune exclusion.

I.

Toute la nation française sera divisée en familles professionnelles, depuis les plus hautes administrations, les sciences les plus élevées, les plus grands propriétaires jusqu'aux plus petits bureaucrates, aux plus modestes agriculteurs et aux plus infimes manouvriers.

II.

Chaque français devra se faire incorporer dans une de ces familles qui lui sera plus moralement relative, pour établir ainsi par la diversité physique, les degrés hiérarchiques de chacune d'elles. Tout cela, sous peine de perdre ses droits politiques, attendu que la volonté populaire se manifestera par le mécanisme de cette division sociale.

III.

Le peuple français, votera désormais par familles professionnelles et non par circonscriptions topographiques.

IV.

Les élections de tout genre seront à deux degrés. Le premier choix sera fait par les familles professionnelles, le
second et définitif par un collége suprême composé des
grands propriétaires et des hommes éminents de chaque
profession.

V.

Chaque famille professionnelle constituera par toute la
France, un corps unitaire divisé en centuries.

VI.

Chaque centurie aura un conseil de prud'hommes ; chaque
dix centuries un jury professionnel ; chaque famille un
conseil suprême, destiné à être un jury d'appel et une sorte
de conseil d'État pour rattacher la famille professionnelle au
gouvernement.

VII.

Il n'y aura plus de cens pour l'éligibilité, mais des conditions de savoir, de civisme et de vertu.

VIII.

L'État a déjà une croix d'honneur pour la valeur et le mérite, il en aura une de vertu pour récompenser le travail probe, une vie consciencieuse, la moralité domestique, parce que ce sont les principales vertus d'un utile civisme.

IX.

Chaque famille professionnelle aura une caisse alimentée par une cotisation générale et uniforme, et par une autre proportionnelle prise sur le revenu.

X.

Avec les fonds de ces caisses on établira des secours uniformes et des retraites proportionnelles à la mise individuelle.

Réflexions définitives.

Dans cet état de choses, ou l'enseignement de l'histoire n'est rien, ou une telle disposition dans la loi entraînant une reconstitution de la société, doit résoudre forcément le problème social et politique qui fait de notre temps la plus malheureuse des époques. D'ailleurs, en quoi se résument les difficultés du moment ? n'existent-elles pas entièrement dans les agitations politiques et la misère de certaines conditions populaires? les unes n'amènent-elles pas l'autre et alternativement? or, n'est-ce pas remédier aussitôt à tout le mal :

1° En organisant la société de manière que dans son mécanisme politique, elle ne puisse plus produire que la stabilité gouvernementale.

2° En associant toute la nation, dans de fort petites proportions matérielles, mais en revanche par des règlements moraux et disciplinaires très-intimes; pour qu'il en résulte une protection fraternelle générale et une assistance publique perpétuelle.

Le résultat en est forcé et avec cet avantage, que sans mêler l'état dans ces règlements disciplinaires, dans cette assistance publique, tout peut être réglé en famille pour le bien réel de la communauté en particulier et de la société en général. Jamais le pouvoir, pas plus que les partis ne pourraient modifier le résultat des élections. Elles arriveraient à leur fin, comme par une conséquence providentielle, parce que ce serait vraiment le peuple qui agirait et toujours avec une entière connaissance de cause; chacun dans sa propre famille, et dans les proportions de ses facultés hiérarchiques et morales.

Résultats bien différents, je ne dirai pas, du système électoral adopté aujourd'hui, mais de tous ceux expérimentés depuis l'avènement des idées prétendues libérales. Rien n'est faux comme les principes qui ont dirigé ces élections, rien partant ne devait être plus vicieux que leurs conséquences.

Il s'agissait, en effet, de tirer un résultat moral d'une organisation matérielle. Était-ce possible? Les électeurs, sans choix, sans ordre, sans sentiment d'union, sans esprit de moralité, étaient parqués comme des troupeaux de bétail. Seulement les villages, les villes, les cantons, les arrondissements, les départements leur servaient de claies.

Nécessairement de ces sections topographiques, il devait surgir l'égoïsme individuel et l'intérêt de localité plutôt que l'esprit national et l'amour patriotique. A telle cause, tel effet : le seul lien qui unissait les électeurs a nécessairement manifesté son influence.

C'est ainsi et comme par suite que la révolution de Février a établi aussitôt deux camps bien tranchés ; les pauvres et les riches. Quelle barbare aberration ! des sauvages n'eussent pas fait mieux. Aussi, si vous voulez que riches et pauvres ne s'abîment dans les profondeurs de cette immense erreur, réunissez sur le champ, corporez moralement pauvres et riches, forts et faibles, pour que les uns secourent les autres, qu'ils s'aident et se soutiennent tous, et bientôt ils s'estimeront et s'entendront.

L'avertissement est assez solennel : la société organisée matériellement doit périr dans sa matérialité. C'est inévitable, parce qu'elle ne peut vivre et progresser que par l'impulsion primordialement émanée de l'ordre moral. La preuve en est, je pense, surabondante, puisque l'histoire a déjà enregistré à quelle ruine nous venons d'échapper. Aussi, ne peut on croire qu'à une chose : c'est que Dieu n'ait permis un pareil cataclysme que pour nous servir de leçon.

Si donc on s'est aperçu du danger que l'humanité a couru : que la moralité, les devoirs, les liens de fraternité ne soient plus des mots seulement. Si vous voulez des résultats qui expriment des réalités dans l'ordre de nos sentiments et de nos besoins moraux, établissez de suite des cadres sociaux et politiques qui puissent englober chaque unité individuelle plutôt dans son sens moral que par son côté matériel.

Surtout, plus de sophisme : la liberté individuelle n'étant point entravée pour le bien, l'émulation étant au contraire excitée par les joûtes établies, les concours ouverts, la justice ne serait que plus manifeste, tandis que la capacité particulière serait mieux reconnue, le mérite et la vertu de la famille actuelle d'autant plus respectés qu'ils seraient plus respectables. Rien donc ne serait enlevé à ce mouvement de civilisation qui doit faire progresser l'humanité et dont le libéralisme s'est approprié si injustement et si souvent le monopole.

Malheureusement dans ce siècle de dispute, de controverse et d'objection, où chacun cherche à détruire avant de savoir comment il réédifiera, où chacun se plaint du gouvernement sans connaître celui qui satisferait ses propres exigences, on ne manquera pas de me dire :

Comment, vous voulez créer un nouvel et double impôt, tandis que le peuple se plaint depuis si longtemps de ceux que nous subissons, notamment de l'impôt que M. le ministre des finances propose sur le revenu ?

A cela je dois d'abord répondre : que force sera pour nos hommes d'État, de se raidir contre cette manie fatale qu'a la France de se plaindre même de son bonheur. Il n'y a rien qui lasse les Français comme le bonheur et la tranquillité. Ils n'ont jamais assez s'ils n'ont tout.

Le moment est arrivé, où il faut de nécessité que chacun comprenne que des impôts sagement répartis, de manière, comme l'a si bien démontré M. Thiers, qu'ils puisent partout sans trop peser sur un même point, sont de justes exigences d'un gouvernement. Ce sont encore des conditions de vitalité indispensables pour un peuple, puisque c'est par ces mêmes impôts que la nation peut grandir, la prospérité générale s'accroître, l'activité individuelle être protégée et la sureté particulière garantie. Bien plus : contrairement à toutes les calomnies que de coupables ambitions ont colportées, il ne serait pas difficile de prouver que des impôts considérables même, bien employés, tournent toujours à une fin démocratique. C'est ainsi que les grands travaux publics exécutés sous Louis-Philippe désigneront son règne dans l'histoire, comme un des plus nationaux et des plus véritablement populaires.

Il n'y a vraiment de durable que ce qui peut être juste devant Dieu : nous avons cru nous débarrasser des Louis XVI, des Napoléon, des Charles X, des Louis-Philippe, et nous n'avons fait que les placer plus haut pour qu'on les admirât de plus loin. C'est inévitablement une permission de Dieu que l'humanité procède ainsi par hécatombes : témoin le divin gibet de Jérusalem. Comme à un physiologiste, il lui faut scruter les fibres de la mort pour connaître les secrets de la vie. Espérons que la France, surtout après tant de victimes devra être suffisamment expérimentée.

Le moment est arrivé, où après de si cruelles expérimentations le corps social doit ou se régénérer ou mourir : tout le monde le pressent ! Or, il est temps que pouvoir et peuple s'entendent, se fusionnent, s'harmonisent. Pour cela il faut encore quelques efforts et quelques sacrifices du peuple.

Toutefois, le nouvel impôt que nous proposons ne peut être ni établi, ni perçu par l'État, parce qu'il deviendrait un sacrifice sans efficacité sur nos misères. En effet, outre que cet impôt pèserait toujours encore sur les mêmes membres de la nation, il ne soulagerait en aucune manière les infortunes publiques, puisque le budget de l'État se consomme annuellement lorsqu'il ne reste pas en déficit. D'ailleurs, au milieu de la médiocrité ou de la fiction des fortunes françaises, un impôt sur le revenu établi par l'État ne pourrait être qu'une inquisition démoralisante qui mettrait à nu les plaies les plus profondes des familles.

Au contraire, un pareil impôt établi dans et pour les associations professionnelles ne devrait rien faire redouter de tout cela; parce que, tout se passerait entre frères ou tout au plus, entre les jurys paternels de la profession et le confrère récalcitrant.

Ce serait, en outre, justice, parce qu'il est aussi équitable que rationnel qu'un membre appartenant à une profession qui a fait sa fortune, entre pour une plus grande part dans les économies publiques destinées à soutenir la dignité de cette profession et à soulager des confrères moins heureux que lui. Ce ne serait, toutefois, pas ici un fond perdu, ce serait un capital en réserve pour toute la corporation, et en cas de besoin pour soi-même, pour nos enfants. En effet, dans les caprices ou les chances de la fortune, quel est celui qui peut être assuré d'être toujours heureux? Or, si le grand mécanisme de l'État ne peut permettre qu'il entre ainsi dans les besoins personnels, il faut que ce soin soit dévolu à une espèce de famille. D'où, il ne s'en suivra pas moins, que si ce sont les misères publiques, l'instabilité des fortunes, qui occasionnent nos mouvements politiques, en y rémédiant, on soulagera d'autant l'État tout en simplifiant son mécanisme et en assurant les ressorts gouvernementaux.

Ce résultat est forcé, avons-nous dit : rien n'est plus facile que de le démontrer.

Supposez la famille professionnelle française des maçons formée de 60,000 membres, une cotisation de 10 fr. par an produirait 600,000 fr.

Ajoutez à cette somme celle de 1 fr. pour 0/0 sur le revenu, comme il n'y a point d'ouvrier maçon qui gagne moins de 300 fr., point de maître qui n'en gagne 600, point d'architecte, d'entrepreneur qui n'atteigne 2,000, outre l'idée hiérarchique que vous aurez insinuée dans l'esprit de chacun et les mœurs de la communauté, vous aurez encore un produit d'au moins 300,000 fr. qui, additionné au chiffre précédent, ne formera pas moins de 900,000 fr. de revenu annuel.

Admettez, maintenant, que la première année, 300,000 soient dépensés en secours, bien que l'on dûsse d'abord accorder ces mêmes secours avec parcimonie, d'autant qu'on s'en était passé jusqu'ici, et vous aurez toujours en caisse la somme de 600,000 fr. dont le revenu annuel au 4 pour 0/0 augmentera chaque année le capital de 24,000 fr. Or, calculez, ce que de pareilles économies effectuées chaque année produiraient avec le temps ?

Malheureusement c'est ici que les arguties s'élèvent aussitôt.

C'est impossible, dit-on, parce que ces associations professionnelles deviendraient trop riches et trop puissantes dans l'État et qu'elles ne manqueraient pas d'amener par ce fait, quelque nouveau Philippe-le-Bel ou quelque 91 pour tout confisquer.

La position ne serait pas la même : les Templiers sous Philippe-le-Bel étaient une corporation générale unique ou presque unique dans l'État : il en était de même pour le clergé en 91 ; partant, ainsi organisés au milieu d'une société désunie, ils pouvaient prendre une suprématie inquiétante. Mais, lorsque toute la nation sera partout uniformément organisée, vous n'aurez rien à redouter de semblable : par la généralisation de position, il y aura équilibration parfaite. Dira-t-on, alors, que certaines familles pourront prendre plus de suprématie parce qu'elles seront plus riches. Mais, si elles sont plus riches, c'est qu'elles seront plus élevées sur les dégrès hiérarchiques de l'échelle sociale et partant elles auront plus de besoins. Les grands besoins, disait Favorin, naissent des grands biens. Tout aura donc sa place et s'équilibrera comme aujourd'hui dans cette diversité de l'harmonie sociale.

C'est impossible, s'écrie-t-on, parce que vous ne saurez que faire de ces sommes énormes, de ces capitaux prodigieux !

Quoi ! vous vous plaignez de la misère actuelle, vous l'accusez de tous nos maux et vous refusez des plans de moralité qui augmenteraient cette richesse, parce que celle-ci vous donnerait quelque embarras ? Mais, alors, que faire ? Mon Dieu ! Nous avez-vous condamnés à tourner perpétuellement la roue d'Ixion ?

Oui, ajoute-t-on, l'état ne voudra pas de votre capital, vous l'écraseriez par vos intérêts !

Mais, n'y a-t-il pas des maisons de retraites, de veuves, d'orphelins à établir ? ne serait-il pas avantageux d'élever des établissements d'enseignement professionnel, et bien que tout fut toujours sous la haute main de l'État, ne serait-il pas profitable pour lui, pour la liberté réelle que ces établissements au lieu de sortir des libéralités toujours difficiles ou conditionnelles de l'État provinssent de l'ordre social et des économies populaires ?

Nouvelle faute ! vous allez créer, des biens de main morte ! dit le philosophisme de Turgot, l'esprit de 91 : quel mot affreux, quelle parole à effet pour les preneurs dans les caisses de l'État, quel dommage pour le fisc ! Mais, qu'importe, encore une fois, si d'autre part vous soulagez l'État ; qu'importe si vous évitez une révolution tous les 10 ans, qui vous enlève chaque fois des milliards en affaiblissant tous les ressorts productifs de la nation ! N'est-ce pas là pour l'État et surtout pour la nation, pis que la perte qu'ils pourraient faire sur des biens de main morte. D'ailleurs, ceci, n'est-il pas une puérilité flagrante, puisqu'on pourrait toujours recouvrer la perte de l'immobilisation en doublant ou triplant les impôts de ces mêmes propriétés. De plus : en admettant, comme vous le faites et comme je le crois, qu'on parvint ainsi à des richesses prodigieuses, est-ce que vous ne supprimez pas à la longue les hôpitaux, les écoles publiques pour les remplacer par des établissements professionnels ? pauvre France, les arguties te déchirent!

Nous ne saurons que faire de nos capitaux ! si je ne craignais d'être accusé de bâtir une sorte d'Icarie, un Eldorado romantique je pourrais en indiquer d'utiles emplois pour le peuple et la nation. Mais, je me bornerai à dire ; que puisque vous demandez à l'État des caisses pour l'assistance publique, pour la suppression de la petite hypothèque, vous pourriez y arriver bien plus fraternellement et libéralement avec les capitaux professionnels. Pareillement, est-ce que ces économies publiques ne pourraient pas entrer dans les grandes spéculations de travaux publics, comme le fait aujourd'hui la haute finance ou certaines sociétés de banque?

Depuis 91, nous demandons tout à l'État : c'est lui qui doit nous instruire, nous alimenter, nous donner des emplois, des rentes, des honneurs, des retraites; bientôt nous lui demanderons des plaisirs. Certainement, M. Dunoyer a raison: avec de telles tendances, nous courons de nous mêmes au communisme. L'État a des écoles, des colléges, des facultés; qu'il ait encore des maisons de retraites, des caisses pour l'assistance publique, des établissements d'éducation professionnelle et nous y serons. Chose étrange! nous voulons progresser par et avec la liberté et nous nous enchaînons avec elle et en son nom. En concentrant ainsi tout dans les mains du gouvernement, outre que nous le paralysons, comme l'expérience ne l'a que trop démontré, nous nous mettons volontairement sous le joug des partis : nous nous disposons par ce fait à courber la tête sous chacun d'eux alternativement. Sondez donc cet avenir, ou plutôt regardez l'abîme qu'avait ouvert la révolution de Février à la civilisation, au progrès et à la justice, et vous nous direz ensuite où vous auriez retrouvé la nation française. Il n'y a plus à attendre : ou il faut donner franchement une liberté sage, réglée et mesurée aux familles professionnelles, ou il faut se résigner à la domination précaire et successive des partis les plus tumultueux.

Peut-on hésiter, lorsqu'on sait qu'outre les avantages matériels qui en résulteront, les bienfaits moraux seront plus considérables encore, par l'ordre social et la hiérarchie qui s'établiront, par la surveillance protectrice qui naîtra, par le zèle qu'éveillera parmi le peuple français le soin de son évolution sociale? Alors, il s'occupera de ses propres affaires et non d'une politique stérile. On cherche la liberté et la nationalité, elles ne sont pas autre part!

Enfin, on l'a vu : la société étant ainsi organisée, la police générale sera faite par le mécanisme des familles professionnelles, comme l'avait constaté Louis-Antoine Séguier. Tout sera donc simplifié dans les rouages gouvernementaux, tandis que, chacun sachant toujours mieux que c'est dans sa propre famille professionnelle que se trouvent sa sureté et ses garanties ultérieures ne jettera plus les yeux sur le gouvernement pour l'accuser de ses misères, ou pour lui demander sa prospérité et sa fortune.

On sait que c'est là la source de tous nos maux du moment, de tous nos périls pour l'avenir : en y rémédiant n'est-ce pas éviter tous les dangers présents et futurs?

Au surplus : est-ce un rêve, une chimérique utopie que je viens proposer? Personne n'oserait le prétendre : l'histoire atteste que les plus heureux résultats furent la conséquence d'une pareille organisation même dès son origine et malgré les difficultés d'une époque de crise sociale aussi malheureuse que celle que nous traversons. Tout y gagna aussitôt : peuple, prospérité nationale et progrès industriel. Voyez le livre des *établissements des métiers* d'Étienne Boislève rédigé par ordre de Saint-Louis, feuilletez les cartulaires de ce temps et vous verrez si jamais on sut à nulle autre époque, allier tant de justice à tant de raison, tant de moralité à tant de sociabilité, tant de franchise et d'équité surtout entre le peuple et le pouvoir.

De telles institutions sont encore aujourd'hui, si parfaitement pratiques ; elles s'adaptent si bien aux besoins moraux et physiques de la diversité sociale et de la faiblesse humaine, qu'au moment actuel, quoique incomplètement organisées, elles produisent encore de grands avantages. Voici, en effet, ce que je lis dans une lettre que je reçois de M. Eugène Robert de Sainte-Tulle, si distingué par ses travaux séricicoles. « Cette ville (Grenoble) renferme un grand nombre de cor-
» porations dont on a eu beaucoup à se louer dans les temps
» de crises que nous venons de traverser. Il y aurait, ici,
» bien des matériaux à recueillir pour votre ouvrage. Ces
» corporations classées par métiers ont un bureau, un pré-
» sident, etc...... Il y a des cotisations de chaque membre
» pour venir au secours des malades et des ouvriers sans
» travail. Pendant les tapages de l'année dernière, il suffisait
» ordinairement, au président d'appeler le membre qu'on
» lui signalait , de lui faire la morale , de le menacer au
» besoin de le rayer du tableau des associés, et par consé-
» quent, de lui enlever ses droits à la caisse commune, pour
» faire rester aussitôt le tapageur tranquille et le ramener au
» travail.

» Évidemment il y a beaucoup de bien à faire dans cette
» voie et je ne puis que vous encourager à produire et à sou-
» tenir vos idées avec persévérance.... » (Grenoble, le 9 octobre 1849).

Je suis, certainement, heureux de donner une preuve actuelle des bienfaits que peut produire l'application des principes que je soutiens, et par les faits cités, l'évidence peut se dévoiler à tous les yeux. Mais ce que l'exemple in-

diqué ne peut faire voir encore, ce sont les résultats nationaux, sociaux et politiques que pourrait amener une organisation générale comme celle que je préconise. En effet,
aujourd'hui, à Grenoble, comme du temps des anciennes
corporations, il y a un vice radical provenant d'une association bornée dans chaque ville, de manière à n'avoir de lien,
de rapport qu'avec un nombre trop limité d'hommes trop
identiques. De là, les conséquences sont restreintes, parce
que, la richesse de chaque caisse l'est aussi ; de là, un esprit hiérarchique mal dessiné, parce que dans la même ville,
il ne peut guère y avoir que des dégrès insensibles de fortune et de capacité.

Pour obtenir tous les fruits désirables d'une pareille organisation sociale, il faut corporer toutes les professions dans
toute la nation et englober dans chacune d'elles, le plus émi-
nent comme le plus infime. Nous parlions tantôt de la famille
professionnelle des maçons, qui devrait réunir les architectes
les plus distingués de la capitale comme les plus modestes
manouvriers de nos départements; alors, assurément, si
nous voyions les Visconti, les Duban, les Lassus, les Baltar,
les Lebas, etc., apporter et plus de fonds à la caisse professionnelle et plus d'intelligence aux affaires de la communauté,
nous verrions les simples ouvriers de nos provinces leur
porter plus de respect. De cette manière, enfin, si les uns
étaient obligés de regarder en bas pour porter secours, assistance et protection, les autres seraient forcés de regarder en
haut pour vénérer et pour bénir.

Le passé peut expliquer, promettre et même garantir ce
résultat, parce que c'est par lui que l'avenir doit être prévu.
En effet, les pages de l'histoire sont là ; heureusement personne ne peut les effacer; aussi vous y lirez : Les confréries
» d'ouvriers adoptèrent des bannières sacrées, véritables
» étendards de leur indépendance et vengèrent avec persé-
» vérance la moindre offense faite à un de leurs membres.

» Elles eurent leurs syndics, leurs chambres de discipline,
» leurs conseils, leurs défenseurs. L'honneur des diverses
» corporations ainsi placé sous la sauvegarde de tous ceux
» qui en faisaient partie, éleva les classes laborieuses au
» rang des puissances sociales, telles que le clergé, la no-
» blesse et la magistrature. La hiérarchie n'y fut pas moins
» sévère que dans les rangs élevés, et les seigneurs des don-
» jons n'étaient pas plus respectés que les maîtres de chaque
» profession...... Dès ce moment, il s'établit entre les artisans
» une vive émulation : réunis dans les mêmes quartiers,
» placés sous les yeux les uns des autres, en regard des
» consommateurs, libres de choisir parmi eux les plus hon-
» nêtes et les plus habiles, ils acquîrent bientôt des qualités
» qui portèrent le commerce à un haut dégré de richesse et
» d'activité. » *(Histoire de France d'A. Hugo.* Établissements
de Saint-Louis).

Voilà cet admirable ordre social que Turgot détruisit. Il
est vrai que, depuis Saint-Louis ; Louis XI, Louis XIV, Richelieu avaient dénaturé l'institution en plaçant dans le
domaine du droit commun, du dévouement et de la fraternité, la fiscalité et le privilége; mais , pour des abus si faciles
à corriger fallait-il égarer la société dans les étroits dédales
de l'égoïsme? fallait-il l'exposer à se perdre comme cela a
été sur le point d'arriver naguére, dans l'éparpillement de
l'individualisme? fallait-il pour la liberté individuelle qui
tend toujours à enfreindre la moralité et la sociabilité, faire
périr la liberté sociale, la première source du progrès national, de la stabilité politique , etc.

Non, l'expérience n'a que trop prouvé que l'école de Turgot, l'encyclopédisme, l'esprit révolutionnaire n'ont plus
d'objections à faire. De tous leurs arguments il ne reste plus
rien !

Que dis-je, il reste encore l'égoïsme qui repoussera de
tels moyens, parce qu'ils sont plutôt dans l'intérêt commun

que dans l'intérêt particulier, dans l'intérêt national que dans l'intérêt des partis.

Il reste encore des oreilles sourdes à tout ce qui n'est que raison. En France, le sens principalement ouvert est celui qui conduit directement au foyer des passions, qui mène droit au réceptacle de l'intérêt particulier. C'est ainsi, que les discours passionnés et les chansons politiques nous énivrent toujours. Malheureux pays, tu t'es grisé si souvent qu'il serait temps que tu te gardasses une bonne fois!

Au milieu donc de tous ces éléments d'ambitions subalternes, de patriotisme factice ou calculé, je m'y attends, ma doctrine aura le sort de tout ce qui n'est ni passion, ni faux bourdon. Elle n'aura ni écho, ni retentissement! n'importe, j'aurai rempli un devoir de conscience, j'aurai témoigné quelque dévouement à ma patrie souffrante : la seule récompense que j'ambitionne, c'est que quelques personnes veuillent bien se rappeler un jour que j'avais parfaitement compris ces paroles d'Henri IV, *que la seule et vraie habileté consiste à être honnête homme.*

FIN.